lonely planet

口袋指南

新加坡

必游景点 · 本地体验 · 轻松出发

Pocket

本书作者
里亚·德荣（Ria de Jong）
克里斯蒂安·贝内托（Cristian Bonetto）

中国地图出版社

本书特色

轻松计划行程

全方位了解目的地，
助你规划精彩行程

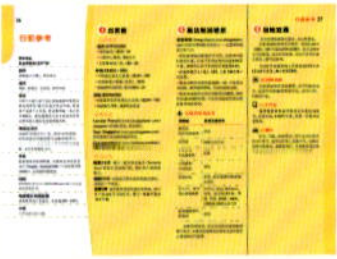

行前参考
贴心提示让旅途
更轻松

区域速览
精准评价地域特色

探索新加坡

分区域介绍
最佳看点和活动

顶级景点
不可错过的精彩

当地生活
体验原汁原味的
目的地

生存指南

实用建议
令你上路无忧

当地交通
像本地人一样四通八达

实用信息
包括住宿推荐在内的
详尽贴士

特别呈现

作者的优选内容
让旅行体验更深入

最佳步行游览
双脚丈量新加坡的
经典线路

新加坡最佳
多彩榜单助你
快速了解目的地亮点

通过下列符号找到该区域的最佳选择：

景点和活动

就餐

饮品

娱乐

购物

下列符号所代表的都是重要信息：

电话号码	适合家庭
营业时间	允许携带宠物
停车场	巴士
禁止吸烟	轮渡
上网	地铁
无线网络	地铁
素食菜品	有轨电车
英语菜单	火车

地图标识助你快速找到需要的信息：

Lonely Planet《新加坡》

Lonely Planet口袋指南专为渴望轻松深入目的地的你而精心打造。

在本书中，你会找到新加坡所有的必游景点，我们的独家建议会让你的旅程更加难忘。书中将新加坡划分为几个合理的区域，通过地图清晰标示出所有地点。我们的资深作者通过实地调研，为你呈现出本地精华所在，例如步行路线、就餐、夜生活以及购物等。若你还想探索更多，"当地生活"章节将为你推荐一些不为人知的精彩路线，助你深入体验原汁原味的目的地。此外，书中的实用信息将令你的旅程更加轻松顺利。有趣的短途游览路线、明晰的当地交通信息，甚至各地不同的小费标准，在这本小书中均有提及。

Lonely Planet《新加坡》将是你在旅途中获得美妙体验的保证。

我们的承诺

我们的工作就是让你拥有高品质的旅程。在写作每一版指南之前，孤独星球的作者都会实地考察、亲身体验。请放心，我们一贯实事求是，从不接受他人馈赠而为之宣传。

轻松计划行程 7

探索新加坡 41

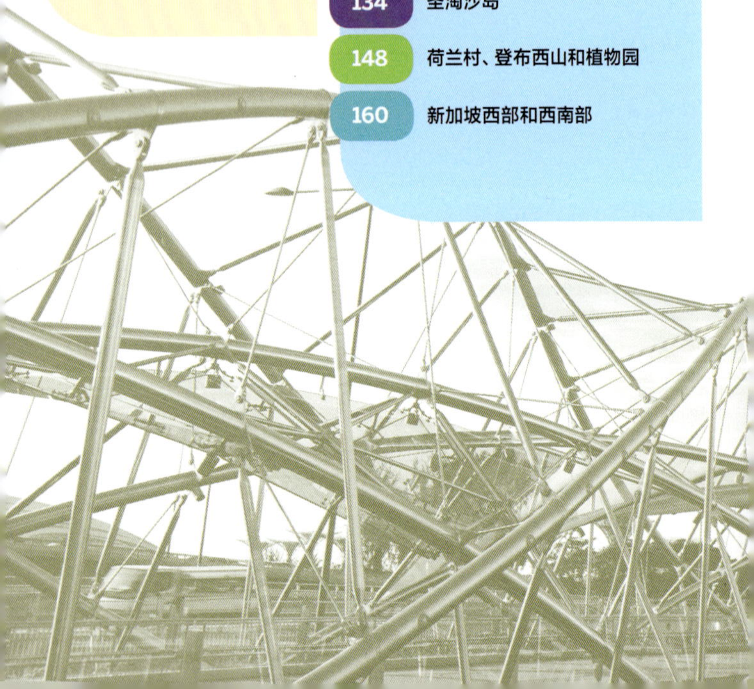

生存指南 177

特别呈现

值得一游

最佳步行游览

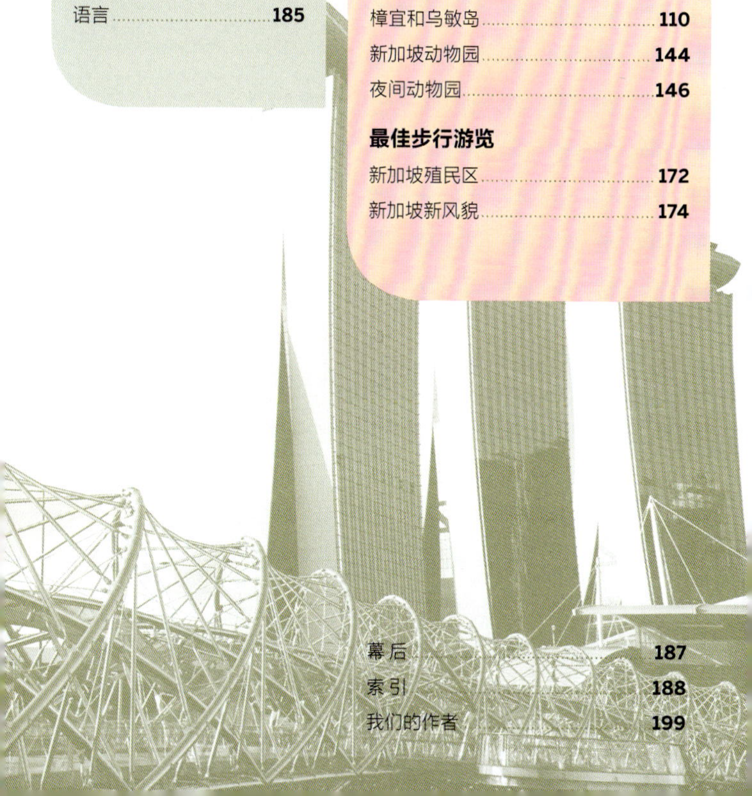

轻松计划行程

欢迎来新加坡

新加坡地处东南亚一隅，地方虽小，却整洁、优雅，令人着迷。历史老区内原汁原味的建筑、活力四射的博物馆、声名显赫的大厨和时髦出众的店铺，颠覆了人们对新加坡的陈旧认识。烟雾缭绕的寺庙、融合多国风味的小贩美食和潮湿的丛林构成了美丽的新加坡。丰富多元的文化、历史及种族，让这个岛国成了亚洲最具代表性的缩影。

滨海湾

WSBOON IMAGES/GETTY IMAGES ©

顶级景点

滨海湾花园(Gardens by the Bay; 见46页)

新加坡最令人惊叹的绿色资产是价值10亿新元的“超级公园”，它引发了一场“园艺热”。你可以探索这里未来主义的生物穹顶和“擎天大树”(Supertrees)，穿越景色辽阔的空中步道(Skyway)，并留心观察一下马克·奎恩(Marc Quinn)设计的“漂浮婴儿”。

WSBOON IMAGES/GETTY IMAGES ©

新加坡国家美术馆（National Gallery Singapore；见44页）

耗资5.3亿新加坡元，花费10年时间建成，这座雄伟的建筑群是新加坡文化皇冠上的明珠。这里的8000多件作品（来自新加坡和其他东南亚国家）构成了世界上最大的现代美术馆。

EQROY/SHUTTERSTOCK ©

FEARGUS COONEY/GETTY IMAGES ©

新加坡植物园

（Singapore Botanic Gardens；见150页）

城市化的飞速进程并未打搅新加坡伊甸园（Garden of Eden）的宁静。这里苍翠繁茂，绿树成荫，74公顷的土地上生长着稀有的兰花，还有一个满是天鹅的湖泊和一个迷人的、主打姜制料理的餐馆。

新加坡国家博物馆

(National Museum of Singapore; 见48页)

令人回味的互动展览和新老结合的建筑，突显了这个历史博物馆的特点。如果你参加了速成课程，了解了新加坡的背景故事和文化的话，那么，一定要把这里写在你的游览清单上。

JOHN ELK III/GETTY IMAGES ©

新加坡动物园

(Singapore Zoo; 见144页)

新加坡动物园是世界上最受欢迎、最文明的动物保护区之一，也是一个适合儿童游览的地方。在这里，你可以与猩猩一起吃早餐，悄悄溜到昏昏欲睡的树懒旁边，还可以驾车从稀有的白虎身旁驶过。

LAU YAN WAI/GETTY IMAGES ©

南部山脊 (Southern Ridges; 见162页)

猴子遍地的丛林、精雕细琢的森林小径、迷人的城市和海洋景观——有多个公园的南部山脊步道是新加坡最美丽、最容易到达的自然景观之一。

CRISTIAN BORTES/EYEEM/GETTY IMAGES ©

GLENN BEANLAND/GETTY IMAGES ©

夜间动物园

（Night Safari；见146页）

在这个备受赞誉的野生动物园里，我们可以近距离地观察各种野生动物的夜间生活。这里到处都是随意漫步和自由翱翔的动物，大小种类不一。

ANDREW WATSON/GETTY IMAGES ©

牛车水原貌馆

（Chinatown Heritage Centre；见86页）

沉浸在这个经过改造的博物馆里，感受牛车水在跌宕起伏的过往中的挣扎、屈辱和坚定的毅力。博物馆位于一条挂满灯笼的街道上，这条街道曾因鸦片烟馆和苦力贸易而闻名。

TOMATOSKIN/GETTY IMAGES ©

环球影城（Universal Studios；见136页）

环球影城是世界上最高的云霄飞车的所在地，这里的七个主题区域会让你感觉非常刺激，其中包括充足的游乐设施、令人眼花缭乱的大片和电影场景，就连胆子最大的孩子都会感觉无比刺激。

新加坡最佳
团队游

ENTIENOU/GETTY IMAGES ©

最佳街区团队游

Original Singapore Walks（www.singaporewalks.com）穿越牛车水、小印度、小阿拉伯、殖民区、驳船码头、虎豹别墅和战争遗迹等地的徒步旅行，可以了解很多知识。大多数团队游都不需要预订；只要登录网站确认集合时间和地点即可。

Chinatown Trishaw Night Tour（www.viator.com）一场极具氛围的牛车水团队游，历时4小时，包括就餐、徒步探险、骑三轮车和新加坡河上的小贩船巡游。提供酒店接送服务。

Trishaw Uncle（www.trishawuncle.com.sg）跳上一辆三轮车，穿越Bugis和小印度，体验一下老派的自行车骑行，这段45分钟的团队游还将游览新加坡河。你会发现位于福禄寿大厦（Fu Lu Shou Complex）和艾伯特中心市场（Albert Centre Market）以及美食中心之间的Queen St上的三轮车站。

最佳水上团队游

Singapore Ducktours（www.ducktours.com.sg）历时1小时的水路团队游，游览一艘经过改造的“二战”时期的越南军舰，参观内容非常丰富。这条线路的重点是滨海湾和殖民区。售票亭和出发地点在Nicoll Hwy正对面的新达城（Suntec City）的Tower 5。

Singapore River Cruise（www.rivercruise.com.sg）40分钟的小贩船巡游，在码头和滨海湾之间往返。出发地点包括克拉码头、莱佛士登陆点和驳船码头。喋喋不休的讲解有点让人生厌，但旅行本身还是令人非常放松的，可以看到壮观的城市美景。

最佳主题团队游

Real Singapore Tours 由新加坡前总统陈庆炎和Betel Box青年旅舍的团队组织的内部团队游（www.betelbox.com/singaporetours.htm）。你可以在自然徒步、海岸线骑行或如切街区美食历险（通常在周四18:00）之中做出选择。

Geraldene Lowe-Ismail（www.geraldenestours.com）土生土长的新加坡人Geraldene从事徒步游已经四十余年了，她会为你提供大量的信息，组织各种各样的私人团队游，带你深入了解独特的新加坡历史、建筑、宗教、植物和文化。（见75页）

Bukit Brown Tour（www.bukitbrown.com）一场迷人的徒步之旅，将穿越新加坡最古老、最原始和最美丽的墓地。这座墓地目前正在承受经济发展带来的困扰。

新加坡最佳
节日

最佳印度教节日

大宝森节（Thaipusam；2月）信徒们身负赎罪架（kavadis；沉重的金属架）游行。

排灯节（Deepavali；10月）小印度会为了“排灯节（Festival of Lights）”点亮灯光。

蹈火节（Thimithi；11月）在马里安曼兴都庙，印度教徒会在白色的火炭上行走。

最佳音乐节日

St Jerome's Laneway Festival（singapore.lanewayfestival.com；1月）历时1天的独立音乐节。

新加坡国际爵士音乐节（Singapore International Jazz Festival；www.sing-jazz.com；3月）资深和崭露头角的爵士乐天才的节日，历时3天。

摩萨克音乐节（Mosaic Music Festival；www.mosaicmusicfestival.com；3月）世界音乐、爵士乐和独立音乐表演，历时10天。

新加坡国际艺术节（Singapore International Festival of Arts；www.sifa.sg；8月和9月）小型的世界级演出，包括舞蹈、戏剧和音乐。

ZoukOut（www.zoukout.com；12月）是新加坡最大规模的户外舞蹈派对，在圣淘沙岛举办，历时两晚，亮点是一流的国际DJ表演。

最佳中国节日

中国新年（Chinese New Year；2月）舞龙、烟花、美食和令人惊叹的街道装饰。

中元节（Hungry Ghost Festival；8月）向游魂献上充满敬意的焰火、美食和中国歌剧。

中秋节（Mid-Autumn Festival；8月/9月）红灯笼照亮了牛车水，人们吃着月饼庆祝节日。

最佳美食节日

新加坡美食节（Singapore Food Festival；www.yoursingapore.com；7月）为期两周的美食之旅，提供特殊晚餐和食物主题的团队游。

MICHAEL COYNE/GETTY IMAGES ©

世界美食峰会（World Gourmet Summit；www.worldgourmetsummit.com；3月/4月）顶级大厨的烹饪课、研讨会和丰盛的晚餐，为期10天。

最佳新加坡本土节日

妆艺大游行（Chingay；www.chingay.org.sg；2月）新加坡最盛大的街道派对，在中国新年之后的第22天举行。

新加坡国庆日（Singapore National Day；www.ndp.org.sg；8月9日）华丽的游行和烟火，请提前购票。

Formula One Night Race（www.singapore-f1-grand-prix.com；9月）夜晚一级方程式赛车比赛，在景色壮观的滨海湾环路上举行。

新加坡最佳 购物

曼谷和香港可能会在优惠减价方面抢尽风头，但如果真的要选的话，几乎没有城市能与新加坡相媲美。无论你喜欢Gucci的拖鞋、时尚的当地服装，还是16世纪的寺庙手工艺品，在新加坡古老的商场、前卫的精品店和随处可见的古玩店都可以轻易买到。

血拼指南

乌节路上商场遍布，号称新加坡的零售女皇，但这样的零售中心在新加坡还有好几个。如果想要购买电子产品，可以到科技购物中心Sim Lim Square。Tanglin Shopping Centre、登布西山和牛车水是购买古玩的绝佳去处。如果想要购买纺织品，可以到小印度和小阿拉伯，后者以香水贸易和独立时尚的Haji Lane而闻名。如果想要购买独立品牌的时装、设计和书籍，可以前往中峇鲁（Tiong Bahru）。

讨价还价

虽然新加坡不再是廉价电子产品的天堂，但在这里购买电子产品依然划算。事先了解物品的价格，然后货比三家。和店主砍砍价，问问能不能免费获赠一个相机套或记忆卡。Sim Lim Square购物中心的电子产品议价空间较大，但菜鸟容易被骗，产品也可能会以旧充新。上网可以查到黑店的信息。在这里购买电脑和相机最为划算，价格通常比大型商店低20%。

HEINRICH VAN DEN BERG/GETTY IMAGES ©

☑ 独家贴士

▶6月初至8月中旬的新加坡热卖会（www.greatsingaporesale.com.sg）延续10周，通常第一周的折扣最为划算。

最佳纪念品

莱佛士酒店礼品店 从年代久远的海报到茶和书籍，应有尽有。（见65页）

Antiques of the Orient 漂亮的老地图、印刷品，以及新加坡和该地区的照片。（见79页）

Naiise 设计精美的新加坡饰品和家居用品。（见65页）

新加坡国家美术馆（National Gallery Singapore）博物馆的商店销售

牛车水的宝塔街

一些有品位、设计独特的礼品。（见44页）

最佳豪华商场

ION Orchard Mall 里面有许多一线精品店。（见78页）

滨海湾金沙购物中心 海湾旁边的奢侈品商店，以及世界上第一家漂浮着的Louis Vuitton专卖店。（见67页）

Paragon 位于乌节路的中心，有许多时尚品牌和一整层儿童专区。（见79页）

最佳中档商场

313@Somerset 大众品牌和欢快的氛围。（见70页地图，E4；www.313somerset.com.sg；313 Orchard Rd；MSomerset）

ION Orchard Mall ION的低层专门销售中档时装和饰品。（见78页）

VivoCity 在新加坡最大的购物中心里面，品牌数量繁多。（见171页）

最佳设计

Kapok 位于国家设计中心（National Design Centre），销售极具创意的服装和生活用品。（见65页）

Strangelets 销售不拘一格的家庭用品、饰品等。（见83页）

Supermama 新加坡主题的现代设计师作品。（见130页）

Bynd Artisan 手工制作的手帐、皮革饰品和珠宝。（见158页）

最佳艺术品和古玩

Tanglin Shopping Centre 有高品质的亚洲古玩和艺术品。（见79页）

Utterly Art 位于一间很小的牛车水画廊里，有价格合理的东南亚现代艺术品。（见103页）

Shang Antique 位于登布西山，有惟妙惟肖的寺庙手工艺品和年代久远的亚洲小摆设。（见158页）

最佳电子产品

Sim Lim Square 共有6层，销售笔记本电脑、照相机等。（见133页）

Mustafa Centre 有大量电子产品，24小时营业。（见133页）

新加坡最佳 街头美食

乐享新加坡的专属体验吧：穿着人字拖，漫步到热闹的小贩中心，寻找热气腾腾、烟雾缭绕、络绎不绝的摊位，然后在返回时喝上一杯冰爽的啤酒，品尝一些令人垂涎三尺的地方菜肴。舌尖上的盛宴并未结束，这里还有众多的老派咖啡店（kopitiams）和备受赞誉的美食广场，一定会让你大饱口福，也会让你囊空如洗。

求同存异

小贩中心、美食广场和咖啡店有什么区别呢？小贩中心的场地通常是独立露天的（或者至少是开放式的）。这里氛围热闹，有成排的小吃摊，兜售各种当地的美食。美食广场通常在购物中心里，基本上是带有空调的小贩中心，价格稍高。而咖啡店（也被称作kopitiams，tiam在闽南语中是“店铺”的意思）则是店铺前面的露天咖啡馆，通常有几个小摊，还有“阿姨”或“叔叔”们在喝饮料。

小贩中心进餐须知

在小贩中心进餐，一定要先占座位，人多的时候更要如此。可以在座位上放纸巾占座，也可以让人帮你占座。没有空桌的话，可以和其他人拼桌。请记住桌子上的序号，以便摊主为你上菜。如果摊位上有“自助服务”的标志牌，则需要你自行领取食物，否则摊主会亲自为你上菜。最后，忽略那些试图拉你入座、把菜单塞到你面前的小贩。

TRAVEL INK/GETTY IMAGES ©

最佳小贩美食

Gluttons Bay 位于滨海湾，供应美味的经典小贩美食。（见57页）

麦士威路小贩中心 新加坡最受游客欢迎的小贩中心之一，坐落在牛车水的末端。（见96页）

牛车水大厦 位于牛车水的中心，非常喧闹、人潮拥挤。（见96页）

Timbre+ 位于岛屿的西南部，有许多食品车、手工啤酒和实况音乐。（见169页）

Lau Pa Sat 这座雄伟的锻铁建筑本身就非常值得一游。（见98页）

最佳美食广场

Takashimaya Food Village 一个地下仙境，位于乌节路，供应日本、

美食广场的面食

韩国及其他亚洲风味的美食。（见80页）

Food Republic 位于乌节路商场的顶部，食客可以品尝摊贩小吃和餐馆佳肴。（见76页）

Rasapura Masters 位于引人注目的滨海湾金沙酒店里面，供应亚洲及其他地区的街头小吃。（见50页地图，G4；☎6506 0161；www.rasapura.com.sg；B2-50, The Shoppes at Marina Bay Sands, 2 Bayfront Ave；菜肴 S$6起；⏰美食广场 24小时营业，摊位时间不定；📶；Ⓜ Bayfront）

最佳咖啡店

亚坤咖椰吐司 一家历史悠久的咖啡店，位于中央商务区，供应新加坡最好的溏心蛋和椰子酱吐司。（见98页）

Killiney Kopitiam 是品尝老派早餐，以及正宗的咖喱、辣味米粉汤和椰浆饭（nasi lemak；椰子饭搭配炸银鱼仔、花生和一份咖喱菜肴）的另一个热门地点。（见75页）

Coffee Break 这家低调的饮品摊位于牛车水，这里的新加坡咖啡被改进成为现代风格。（见89页）

最佳马来西亚菜

Zam Zam 老派的印度馅饼（murtabak；开胃的馅饼），位于苏丹清真寺的阴凉处。（见123页）

Warong Nasi Pariaman 小阿拉伯的一家备受欢迎的、简朴的巴东饭（咖喱饭）摊位。（见124页）

马来西亚美食街（Malaysian Food Street）圣淘沙的室内小贩中心，有许多马来西亚最受欢迎的街头食品摊。（见142页）

Satay Street 位于La Pau Sat后面，紧邻中央商务区的街道，有嗞嗞冒着油花的烤肉串。（见98页）

最佳印度菜

Bismillah Biryani 品尝新加坡最好的印度比尔亚尼菜。（见124页）

Tekka Centre 小印度的一个熙熙攘攘的小贩中心。（见123页）

Moghul Sweets 一个长期以来备受喜爱的摊位，位于小印度，销售南亚次大陆的糖果。（见126页）

新加坡最佳
就餐

除了价格低廉、令人兴奋的小贩中心和美食广场，新加坡还有许多充满活力的中档和高档餐馆。就餐选择数不胜数：你可以在乌节路的一家商场里品尝日本创意菜，也可以在一座殖民时期小屋里享用精致的意大利菜，甚至还可以在颇具盛名的美术馆里享用价格昂贵的法国菜和土生华人菜。

一个不断发展的行业

新加坡的餐饮业正在蓬勃发展。从当地著名厨师温美玉（Violet Oon）的Violet Oon's National Kitchen到澳大利亚厨师Sam Aisbett的Whitegrass，这座城市中已经拥有越来越多的顶级明星厨师餐厅。Iggy's仍然是亚洲最令人垂涎的餐馆之一；凭借法国厨师朱利安·罗杰（Julien Royer）研发的新菜式，Odette的竞争力越来越强。最令人兴奋的是新加坡崛起的中档餐馆，那里拥有令人放松的环境，供应前卫的、符合食客口味的佳肴。其中最好的要属澳大利亚的烧烤餐馆Burnt Ends和日本的居酒屋Neon Pigeon，这两家新餐馆把牛车水和Keong Saik变成了热门的就餐地点。

美食博客

如果想要了解当地美食家的意见，请查看新加坡的一些顶级美食博客。犀利的Leslie Tay主要在ieatishootipost.sg评论岛屿各地的摊贩食物；而美食节目主持人Daniel Ang喜欢在www.danielfooddiary.com网站上谈论、品尝和分享食物。Lady Ironchef（实际上是一位男性）则在他的网站www.ladyironchef.com为人们提供被高度认可的意见和实用的"最佳美食清单"，而Seth则在www.sethlui.com网站上四处搜索最好的食物。

TATYANA KILDISHEVA/GETTY IMAGES ©

☑ 独家贴士

▶在新加坡，付小费是不必要的，因为大多数餐馆都会收取10%的服务费，而且没有人会在小贩中心付小费。即便如此，在高端餐馆，人们还是愿意为极致的服务支付一些小费。

最佳名厨名店

Odette 法国超级巨星朱利安·罗杰（Julien Royer）烹饪的现代法国菜肴。（见56页）

National Kitchen by Violet Oon 新加坡的茱莉亚·蔡尔兹（Julia Childs）烹饪的海峡菜肴。（见56页）

Iggy's Masahiro Isono使用日本食材，提供融合各国

风味的菜肴。(见73页)

Whitegrass 在这里品尝使用澳大利亚当地的食材，结合亚洲口味烹饪而成的菜肴。(见56页)

Burnt Ends 西澳大利亚移民Dave Pynt烹制的美味异常的烤肉。(见94页)

最佳螃蟹料理

Momma Kong's 味美价廉，供应面包和最新鲜的斯里兰卡螃蟹。(见94页)

Long Beach Seafood 位于古老的登布西山兵营里，供应深受客人喜爱的黑椒蟹。(见154页)

无招牌海鲜 芽笼最美味的白椒蟹。(见109页)

最佳约会地点

Il Lido at the Cliff 意大利菜，位于迷人而隐秘的圣淘沙岛。(见141页)

Buona Terra 正宗、高端的意大利菜，紧邻乌节路。(见73页)

Pollen 极具创意、精致复杂的欧亚菜，位于一个"太空时代"的鲜花穹顶(Flower Dome)中。(见57页)

最佳创意菜和西餐

Gordon Grill 一家拥有怀旧氛围的肉食餐馆，紧邻乌节路。(见74页)

Kilo Orchard 位于乌节路的一家商场里的日本创意菜明星。(见75页)

Neon Pigeon 位于餐饮中心Keong Saik的一间日本居酒屋。(见90页地图，B4；☎65-6222 3623；www.neonpigeonsg.com；1 Keong Saik Rd；小份菜肴 S$8~20，大份菜肴 S$14~38；⏰周一至周四 18:00~23:00，周五和周六 至23:30；📶；Ⓜ Outram Park, Chinatown)

Super Loco 河畔的墨西哥街头食品，拥有一种派对氛围。(见58页)

最佳早午餐

Knolls 位于圣淘沙岛，还有可以随意饮用的酒水和奢华的氛围。(见142页)

Tamarind Hill 精致的周日泰国菜肴，拥有一种丛林般的氛围。(见168页)

PS Cafe 精美的食物，还有享受午餐的淑女和时尚的热带风情，位于登布西山。(见155页)

最佳土生华人菜和中国菜

National Kitchen by Violet Oon 备受好评的土生华人菜，在新加坡国家美术馆。(见56页)

Paradise Dynasty 顶级的饺子和拉面。(见74页)

松发肉骨茶 肉骨茶汤。(见58页)

PeraMakan 位于西南部，拥有度假村般的氛围，供应辛辣的土生华人菜肴。(见169页)

最佳印度菜和印度尼西亚菜

Curry Culture 位于罗伯逊码头(Robertson Quay)，氛围时髦而闲散。(见58页)

Lagnaa Barefoot Dining 位于小印度，辛香料的使用出神入化，菜肴味美。(见123页)

Blue Bali 令人欲罢不能的印度尼西亚菜肴，餐厅拥有一种热带风情。(见155页)

Tambuah Mas 正宗的印度尼西亚菜肴，位于乌节路。(见74页)

最佳怀旧新加坡菜

Colbar 海南风格的西方经典菜肴，餐厅坐落在西南地区曾经的军官食堂中。(见170页)

新加坡最佳 儿童旅行体验

新加坡是个安全可靠的国家，针对儿童游客有许多极具人性化的服务措施，令人称赞。从互动的博物馆画廊和真实的动物保护区，到充满刺激设施的主题公园岛屿，都非常适合儿童玩耍。酒店提供小床，大多数咖啡馆都有儿童餐椅，现代的购物中心也有供婴儿吃饭和换尿布的家庭活动室。如果你想要拥有美好的家庭时光，新加坡可以满足你的需求。

圣淘沙岛：欢乐岛

虽然适合儿童的景点遍布新加坡，但你会发现圣淘沙岛的儿童景点最为集中。在这里你可以找到拉斯维加斯风格的环球影城主题公园，还有一系列的配套景点，从气势恢宏的海洋水族馆到高空滑索和赛格威（Segway）之旅。你至少需要花费一整天的时间去体验圣淘沙岛各种项目，还要准备充足的资金，因为大多数活动、骑乘和表演都会额外收费。

折扣

在大多数旅游场所，儿童可以享受5折优惠。6岁及以下儿童可以免费进入新加坡的许多顶级博物馆，包括新加坡国家美术馆、新加坡国家博物馆、亚洲文明博物馆和土生华人博物馆。0.9米以下的儿童可以免费乘坐地铁。持有带照片学生证的全日制学生也可以在许多景点享受折扣。

SHIRLYN LOO/GETTY IMAGES ©

☑ 独家贴士

▶大型景点都有婴儿手推车可供出租。但在登上公共汽车前要把手推车折叠好，有点不方便；可以直接把婴儿车推上地铁。

最佳博物馆

新加坡国家博物馆（National Museum of Singapore）可以对新加坡迷人的历史和文化进行探索，包括视听展览、文物和儿童指示牌。（见48页）

新加坡国家美术馆（National Gallery Singapore）轰动一时的美术馆，有专门的儿童艺术设施和全年举办的充满活力的儿童节目。（见44页）

艺术科学博物馆（ArtScience Museum）世界级的现代艺术和科学展览，有互动的儿童节目。（见54页）

李光前自然历史博物馆（Lee Kong Chian Natural History Museum）迷人的展览，展出的是巨大的恐龙，还有来自陆地和海洋的奇异动物。（见166页）

玩具博物馆（MINT Museum of Toys）一个令人惊叹的博物馆，收集了全球5万多件稀有的、值得收藏的玩具。（见55页）

最佳惊险和刺激项目

环球影城（Universal Studios）以好莱坞为灵感的游乐设施，过山车，以及为年轻人和拥有年轻心灵的人们准备的表演。（见136页）

iFly 在这个室内跳伞中心，你可以在看不见飞机的情况下，从2743米的高空落下。（见139页）

Wave House 在圣淘沙岛，你无须离开游泳池，就可以体验汹涌的海浪。（见140页）

MegaZip 在圣淘沙岛像一个超级英雄一样进行高空滑索和爬绳运动。（见141页）

GX-5 Extreme Swing 在克拉码头的新加坡河上，进行激烈的摇晃，并持续尖叫。（见56页）

Pinnacle@Duxton 平价、适合儿童的空中花园，有令人艳羡的城市美景和可供孩子们四处奔跑的空间。（见94页）

户外探险

滨海湾花园（Gardens by the Bay）太空时代的生物穹顶、疯狂的超级树、视野开阔的人行天桥（Skyway）和1公顷的儿童花园，以及带有动作传感器的游乐区。（见46页）

南部山脊（Southern Ridges）有专门的儿童游乐场和一条树顶步道，偶尔还可以看到猴子。（见162页）

乌敏岛（Pulau Ubin）跳上一辆自行车，然后骑着它在这个宁静的、相对平坦的、让人忘却时间的小岛上，穿过森林和五颜六色的棚屋。（见110页）

Singapore Ducktours 在一辆色彩鲜艳的两栖军用车上，有趣的游览之旅由此开始。（见12页）

最佳观赏动物

新加坡动物园（Singapore Zoo）在世界顶级的动物园中与猩猩一起吃早餐。（见144页）

夜间动物园（Night Safari）在这个野生动物的绿洲，与豹、狮子和喜马拉雅山蓝羊共度夜晚。（见146页）

海洋水族馆（SEA Aquarium）一个壮观的综合性水族馆，也是世界上最令人难忘的水族馆。（见139页）

最佳就餐

Rasapura Masters 位于一个室内滑冰场旁边，有许多食物摊位。（见17页）

Casa Verde 一家适合儿童的餐馆，位于植物园郁郁葱葱的热带仙境之中。（见158页）

麦士威路小贩中心 便宜、简单的街头食品，拥有活泼和休闲的氛围，位于牛车水的边缘。（见96页）

新加坡最佳
饮品

从Tippling Club粉红色的Negronis到Level 33的新加坡微酿啤酒和Chye Seng Huat Hardware的季节性咖啡，新加坡拥有许多不错的饮品。无论你喜欢哪一种，以下几个都不容错过：你可以在牛车水的地下室里喝一杯当地鸡尾酒、品尝一下小贩中心的精酿啤酒，或者在圣淘沙的海滩边喝一杯莫吉托。

打折饮品

新加坡的饮品价格非常昂贵。在大多数的城市酒吧中，啤酒的价格是S$10~18，鸡尾酒的价格高达S$20~30。很多酒吧都会有价格划算的“欢乐时光”，通常为17:00~20:00，有时开始得更早或结束得更晚。在“欢乐时光”，大多可以以一杯酒的价格购买两杯，“招牌酒类”的价格更便宜。在周三，“女士之夜”的促销活动为女性提供了更便宜（有时免费）的饮品。如果不介意塑料餐桌的话，也可以在当地的小贩中心花费S$6畅饮虎牌啤酒。

咖啡的发展

虽然咖啡店已经为几代人提供了当地咖啡，但新加坡的特色咖啡行业却是最近才出现的现象。受到澳大利亚手工咖啡文化的启发，现代的Artistry等咖啡馆，正在冲泡着季节性的咖啡豆，使用咖啡机或“第三次咖啡浪潮”的冲泡技术，如AeroPress。此外，越来越多的咖啡馆自己种植和烘焙咖啡豆，其中最好的包括Chye Seng Huat Hardware和Nylon Coffee Roasters。

PHOTO BY WILLIAM CHO/GETTY IMAGES ©

最佳鸡尾酒

Operation Dagger 最好的鸡尾酒，在一个鉴赏家的地下室中。（见98页）

Tippling Club 来自高标准酒吧的不断创新的饮品。（见98页）

Spiffy Dapper 定制的杜松子酒和来自顶级酒保的惊喜。（见99页）

Maison Ikkoku 一个温馨的楼上鸡尾酒吧，位于不拘一格的小阿拉伯。（见127页）

最佳啤酒

Level 33 坐在33层的城市上方，品尝现场制作的啤酒。（见63页）

Smith Street Taps 位于牛车水的小贩中心，轮流品尝各国的精酿啤酒和优

在屋顶观赏黄昏时的新加坡

质的啤酒。（见99页）

Druggists 位于时尚的Jalan Besar，有23种桶装啤酒。（见127页）

RedDot Brewhouse 位于宁静的登布西，供应当地啤酒。（见157页）

最佳葡萄酒

Wine Connection 在罗伯逊码头，有品质不一的葡萄酒，价格合理。（见64页）

Ô Batignolles 一家舒适的法国小酒馆，销售来自独立葡萄园的葡萄酒，价格适中。（见100页）

最佳传统饮酒地点

莱佛士酒店（Raffles Hotel）在萨默塞特·毛姆（Somerset Maugham）曾经光顾的地方喝一杯新加坡司令鸡尾酒（Singapore Sling，即使只是图一时新鲜）。（见62页）

Colbar 在曾经的殖民地食堂中喝啤酒。（见170页）

Green Door 在经过改造的露天军事营房里放松。（见156页）

翡翠山路（Emerald Hill Road）紧邻乌节路的传统街道，是购物后喝饮品的好地方。（见72页）

最佳喝咖啡和饮茶地点

Chye Seng Huat Hardware 最高级的浓咖啡、手冲咖啡，有现场烘焙和咖啡制作课程。（见127页）

Nylon Coffee Roasters 一个小型的浓缩咖啡馆，位于新兴的Everton Park。（见95页）

Strangers' Reunion 咖啡师Ryan Tan获奖无数，制作的咖啡令人赞不绝口。（见100页）

Landing Point 一个豪华的酒店休息室，供应新加坡最好的茶点。（见61页）

L' Espresso 另一个下午茶的热门地点，紧邻乌节路。（见77页）

最佳夜店

Zouk 一个多样化的传奇地点，露台上有顶级国际DJ表演。（见63页）

Kyō 日式风格的夜店，位于中央商务区曾经的一家银行里。（见100页）

新加坡最佳
娱乐

新加坡的夜生活内容和时间固定。全年都有现场音乐、戏剧和刺激的活动，而在每年的某些时候，新加坡还会举办一连串的赛车、文化节和抢手的音乐活动。当这些活动让人厌倦的时候，新加坡的水疗中心正在等待着游客的到来。

现场音乐

当地的音乐产业发展得很好。滨海艺术中心不仅定期举办免费演出，也是新加坡交响乐团（Singapore Symphony Orchestra）的所在地。在新加坡国际爵士音乐节（Singapore International Jazz Festival）和独立音乐人最喜爱的St Jerome's Laneway Festival上，会有顶级的国际音乐人才展示自己的才华。

中国戏剧

"wayang"剧种包括室内表演和街头戏剧，后者通常在中元节（Hungry Ghost Festival）之类的宗教活动中上演。虽然随着时间的推移，它已经不再像以前那样受欢迎，但像敦煌剧坊和牛车水人民剧场这样的团队依旧坚持着这一传统。

电影

新加坡人喜欢看电影，每张电影票的价格约为S$12.50，相当划算。多厅的电影院比比皆是，其中很多都位于大型购物中心里。除了这些，雷克斯电影院（Rex Cinemas）还放映宝莱坞电影，而一年一度的新加坡国际电影节（Singapore International Film Festival）放映的则是独立电影和艺术片。新加坡的电影院很冷，所以需要穿点暖和的衣服。

RICHARD I'ANSON/GETTY IMAGES ©

☑ 独家贴士

▸在www.sistic.com.sg网站上查看节目详情并购票。本地剧团演出的票价S$20~70，国际音乐演出的票价S$100~250，大型音乐剧的票价S$65~200。当地小型音乐演出通常是免费的；有些地方的票价很低。

最佳现场音乐

BluJaz Café 以绝佳的爵士乐和蓝调音乐著称，位于小阿拉伯。（见129页）

Timbrè @ The Substation 当地乐队和创作歌手在殖民区演出。（见64页）

Crazy Elephant（见50页地图，C3；☎6337 7859；

夜间的滨海艺术中心

www.crazyelephant.sg; 01-03/04, 3E River Valley Rd; Ⓜ Clarke Quay)摇滚乐和蓝调音乐演出。

滨海艺术中心 演出从古典音乐到摇滚乐。(见63页)

Timbre+ 街头艺术、美食车和流行音乐、摇滚乐、民谣等，每周一至周六晚上演。(见169页)

最佳剧院

新加坡专业剧场(Singapore Repertory Theatre)上演世界级的剧目，包括在福康宁公园上演的莎士比亚戏剧。(见64页)

Wild Rice 重新诠释经典、新作品和引人注目的剧集。(见130页)

滨海艺术中心 从百老汇戏剧到儿童剧。(见63页)

TheatreWorks 新的委员会和国际合作。(见50页地图，A3; ☎6737 7213; www.theatreworks.org.sg; 72-13 Mohamed Sultan Rd)

Toy Factory Productions 以其具有煽动性的作品和跨文化合作而闻名的双语公司。(见102页)

最佳中国戏曲

敦煌剧坊 中国戏剧论坛、演出和用餐，位于牛车水。(见102页)

牛车水人民剧场 有扣人心弦的中国童话表演。(见101页)

最佳经典和独立电影

Screening Room 在牛车水的套房中观看经典电影。(见103页)

雷克斯电影院 位于小印度的边缘，放映宝莱坞电影。(见129页)

最佳观赏运动

一级方程式锦标赛(Formula One Grand Prix; www.singapore-f1-grand-prix.com; ⏲9月)环绕滨海湾举办。

七人制橄榄球(Rugby Sevens; www.singapore7s.sg; ⏲4月)世界杯橄榄球赛的一部分。

新加坡赛马会(Singapore Turf Club)参加非常受欢迎的比赛。(见170页)

新加坡最佳 景点和景观

从引人注目的天际线全景到色彩明亮的百叶窗、市场农产品和令人眼界大开的热带植物，新加坡为你提供了丰富海量的摄影素材，并且想要获得一张能够在社交媒体上集赞的照片并无难度，你要做的只是为手机和相机留出足够的内存。

KIMBERLEY COOLE/GETTY IMAGES ©

最佳天际线景色

Smoke and Mirrors 可以从新加坡国家美术馆直接看到滨海湾的天际线。（见61页）

1-Altitude 可以在世界上最高的露天酒吧，中央商务区上方282米的地方观看360°的岛屿全景。（见63页）

Pinnacle@Duxton 在世界上最高的公共住宅建筑群的顶上，能俯瞰店铺、摩天大楼和货船的全景。（见94页）

Southbridge 俯瞰市中心雄伟的高塔、优雅的殖民建筑和新加坡河上航行的船只，这些会让你感觉美得令人窒息。（见61页）

最适合建筑爱好者

滨海湾花园 集高新技术于一身的树木，壮观的生物穹顶，高耸的室内瀑布和引人注目的雕塑。（见46页）

新加坡国家美术馆 令人叹为观止的殖民建筑和极具创意的当代设计。（见44页）

牛车水 华美的传统商店和历史悠久、烟雾缭绕的寺庙。

滨海湾金沙酒店 一座拥有三座塔楼的科幻奇境。（见54页）

翡翠山路 一连串点着灯笼的、令人回味的商铺和20世纪早期优雅的住宅。（见72页）

最令人疑惑——这是真正的新加坡吗？

小印度 五颜六色的外观，神殿和用花环装饰的摊位，香料堆和令人眼花缭乱的纱丽。

小阿拉伯 一个"阿拉伯之夜（Arabian Nights）"的仙境，有午夜咖啡馆，错综复杂的波斯地毯，还有一个离奇古怪的金色圆顶清真寺。

乌敏岛 锡顶的房屋、自由徜徉的农场动物和漫无边际的丛林荒野，会唤起你记忆中的新加坡。

芽笼的芽笼路 一个入夜后的欢乐地点，有霓虹灯闪烁的酒吧、咖啡店和聚集了皮条客、妓女以及寺庙的风流街道。

新加坡最佳 免费体验

信不信由你，你不用掏腰包，就可以获得新加坡的一些顶级体验。无论你是热衷于古代艺术品还是当代艺术品，喜欢百万美元的灯光秀还是现场的音乐表演，你一定会找到免费的。在新加坡还有一种简单的乐趣，那就是到城市老旧的、色彩缤纷的街区，那里的日常生活就是城里最好的表演。

JOHN ELK III/GETTY IMAGES ©

最佳全年免费博物馆

峇峇住宅（Baba House）新加坡保存最完好的土生华人住宅。（见92页）

樟宜博物馆和礼拜堂（Changi Museum & Chapel）对新加坡最黑暗的战时历史的感人敬意。（见111页）

最佳限时免费的博物馆

新加坡国家博物馆 每天18:00~20:00，博物馆的生活画廊（Living Galleries）免费。（见48页）

新加坡美术馆 新加坡主要的现代艺术博物馆，每周五的18:00~21:00免费。（见52页）

最佳免费美术馆

新加坡国立大学博物馆 三个精心策划的画廊展示了古代和现代的亚洲艺术和文物。（见166页）

吉尔曼兵营 在曾经的英国军营，参观顶级的私人画廊，如来自纽约和柏林的画廊。（见167页）

最佳免费娱乐

滨海艺术中心 这是新加坡令人惊叹的艺术中心，有大量的免费活动，包括现场音乐表演、艺术展览和电影放映。（见63页）

滨海湾金沙酒店 水幕表演（Wonder Full）的所在地，每晚两次的灯光、激光和水幕表演，非常壮观，备受欢迎。（见54页）

滨海湾花园 在新加坡21世纪的伊甸园里，每晚有两次《花园狂想曲》（*Garden Rhapsody*）声光秀。（见46页）

最佳免费自然景观

新加坡植物园 新加坡最大的旅游景点之一，有免费的团队游和季节性的歌剧表演。（见150页）

南部山脊 拥有免费的树冠漫步、引人注目的建筑和令人惊叹的景色。（见162页）

新加坡最佳
博物馆

从小型的、不知名的博物馆到规模宏大的互动式博物馆，新加坡的博物馆种类繁多且数量庞大。你可以在殖民区找到最大和最好的博物馆，那里汇集了新加坡和它所属大陆的历史、文化和艺术。除此之外，还有你意想不到的珍宝，譬如重建的牛车水贫民窟和令人难忘的战时纪念馆。

SUHAIMI ABDULLAH/GETTY IMAGES ©

便宜的门票

新加坡的博物馆通常对6岁及以下的儿童免费开放，而且大多数都为全日制学生和老人提供很大的折扣；请携带带照片的证件。除了优惠，一些旅游景点还提供通票，这样也可以省钱，其中包括新加坡动物园和夜间动物园通票。圣淘沙岛有自己的通票，这款名为圣淘沙欢乐通票（Sentosa Fun Passes; www.sentosa.com.sg/state-specials/sentosa-fun-pass）的门票分别覆盖3个、5个或20个岛屿景点。

不能忘记

新加坡的“二战”经历是其历史上的一个分水岭。你会在很多博物馆里深入了解这一历史，其中包括新加坡国家博物馆、樟宜博物馆和小教堂。人们还会在几个战时遗址举行纪念活动，包括位于圣淘沙岛的英国要塞、鸦片山（Bukit Chandu, Opium Hill）的战场，以及位于福康宁公园的一个从前的地堡。意料之中的是，被占领的创伤和新加坡战后与邻国关系的紧张，加剧了人们对安全的执迷。

最佳艺术品和手工艺品

新加坡国家美术馆 新加坡最新的文化资产展示了19世纪和20世纪的地区艺术。（见44页）

亚洲文明博物馆 亚洲珍贵的装饰艺术、宗教文物、艺术品和纺织品的宝库。（见52页）

新加坡国立大学博物馆 关于亚洲陶瓷和艺术的永久展览及临时展览。（见166页）

新加坡美术馆 关于当代东南亚艺术的前卫展览。（见52页）

吉尔曼兵营 炮兵部队里的一个私人画廊，展示着来自世界各地的现代艺术家和当代艺术家的作品。（见167页）

亚洲文明博物馆展示的旧时中国劳工宿舍

最佳老新加坡

新加坡国家博物馆 探索新加坡几个世纪以来的跌宕起伏，时间线从苏门答腊王子流亡时期到现代独立时期。（见48页）

牛车水原貌馆 重现了昔日的坚毅、混乱和拥挤的牛车水。（见86页）

万象新加坡 一个适合儿童的交互式全景展馆，可以了解6个世纪以来的新加坡历史。（见140页）

最佳土生华人场所

土生华人博物馆 在极具氛围的多媒体展馆，深入了解土生华人的世界，包括婚姻、讲故事、时装、宴请和丧事。（见52页）

峇峇住宅 新加坡最美丽的历史住宅之一，一个富有的土生华人家族的私人世界。（见92页）

Katong Antique House 由新加坡的一位著名的土生华人历史学家收集的一系列历史物品和故事。（见107页）

最佳战争史相关景点

樟宜博物馆和礼拜堂 “二战”期间日本侵占新加坡，残酷的历史和新加坡人民不屈的意志发人深省。（见111页）

西乐索炮台 坐落在圣淘沙岛上的失守堡垒，可以进入地下隧道探险。（见140页）

鸦片山岗战役纪念馆 在鸦片山的山顶，这个曾经的战场回顾了日本的侵略史。（见163页）

碉堡博物馆 位于福康宁公园，这个令人难忘的地下建筑群记录了新加坡衰落的历史。（见53页）

新加坡最佳 消遣

是不是感到心情压抑，经脉不畅？身处人口密度7697人/平方公里的新加坡，有这种感觉很正常。值得庆幸的是，新加坡有无数种方法来恢复和调整疲劳的灵魂（和脚底），从舒缓的森林树冠漫步和岛屿骑行，到绝佳的水疗中心，以及价格低廉的按摩场所。不论你口袋里有多少钱，都可以享受舒缓心神的体验。

CARLINA TETERIS/GETTY IMAGES ©

公园城市

新加坡的公园通常是设计和景观的杰作，从著名的植物园到南部山脊的森林都是如此。一个巨大的公园网使骑自行车和跑步的人不用走到路上就能基本上环游整个岛屿。如果想要获得线路图、地图、活动及导览游（一些是免费的）信息，请访问www.nparks.gov.sg。

按摩

酸胀的肌肉在按摩师手下变得舒畅放松。大多数商场和五星级酒店里都有豪华的水疗中心，像人民公园广场（People' s Park Plaza）这样不太时尚的购物中心里也有价格低廉的按摩场所。后者到处都是提供按摩和指压按摩的小摊，甚至还有鱼池（鱼儿会愉快地吃掉你的死皮细胞）。足底按摩的价格在S$25左右，全天套餐的价格是S$200起。

最佳绿色空间

南部山脊 在这个满是公园和保护区的地带，有茂密的森林和天际线美景。（见162页）

新加坡植物园 一个精心修剪的天堂，有一片古老的雨林。（见150页）

乌敏岛 在这个离奇有趣的、历史悠久的岛屿上，赶走你的烦恼忧愁。（见110页）

夜间动物园 体验一种与众不同的夜生活。（见146页）

福康宁公园 一片历史悠久、极具意义的绿洲，位于城市中心。（见52页）

最佳理疗

Remède Spa 豪华的护理中心，紧邻乌节路。（见72页）

Spa Esprit 在葱郁而宁静的登布西山体验令人愉快的治疗。（见154页）

People' s Park Complex 在异常热闹的牛车水的一家复古的商场中，提供价格低廉的反射疗法。（见94页）

视觉中国提供

新加坡植物园

当地生活

带你体验原汁原味的新加坡

获得各种“顶级体验”之余，只要稍加留意，你就会发现这座城市更富人性化的一面，体会当地人眼中的新加坡。

牛车水美食和寺庙

（Chinatown Tastebuds & Temples; 见88页）

- 正宗的小贩中心
- 热门酒吧和餐馆

鸦片烟馆的时代早已过去，但你依然可以在市场摊位、喝粥的中年人身上和雕梁画栋的寺庙里体会到牛车水顽强的精神。无论是坐在咖啡店的塑料椅子上，还是为神明敬香，都会让你体验到牛车水的魅力。

中峇鲁

（Tiong Bahru; 见82页）

- 热门商店和咖啡馆
- 历史建筑

这个建筑低矮、较为冷清的街区不仅因其装饰艺术和20世纪中期的民居建筑而闻名，而且其迷人的咖啡馆、时髦的酒吧和餐馆、古怪的商店和一流的书店也吸引着时尚潮人的到来。

小印度漫步（A Stroll in Little India; 见114页）

- 清真寺和寺庙
- 街头生活

缤纷的色彩、芳香的气味和夜晚的人群——小印度到处都是香气四溢的路边摊、正宗的印度美食和贩卖印度流行音乐的商店。你可以在市场里购买香料，把指甲花涂抹在皮肤上，然后进入离奇古怪宛如童话故事中的清真寺游览。

加东（Katong; 见106页）

- 土生华人遗产
- 餐馆

加东是新加坡土生华人文化的核心和灵魂，这里有五彩缤纷的传统排屋、满是餐馆的街道以及出售传统陶瓷、鞋子和纺织品的商店。它南端的东海岸公园（East Coast Park）非常适合骑自行车，那里点缀着海鲜餐馆和酒吧，海面上满是船只。

芽笼（Geylang; 见108页）

- 街头美食
- 夜生活

芽笼是天堂与地狱之间的门户，不仅以寺庙和清真寺而闻名，这里的小巷妓院、情色酒吧和廉价旅馆的房间也一样广为人知。夜晚悄悄遛到这里品尝一下绝妙的街头小吃、唱卡拉OK，感受一下新加坡的另一面，与其说这里是刻板的新加坡，倒不如说这里更像是放肆的曼谷。

PHOTOGRAPHY BY SPINTHEDAY/GETTY IMAGES ©

樟宜海滩

樟宜和乌敏岛

（Changi & Pulau Ubin；见110页）

- 休闲的生活
- 樟宜博物馆和礼拜堂

在发人深省的樟宜博物馆和礼拜堂，你可以看到蜡染面料和印度纺织品，还可以了解被日本占领时期新加坡的悲惨往事。水面对岸的乌敏岛非常适合骑自行车，那里有早已被人们遗忘的、破败不堪的新加坡小木屋，古老的种植园和丛林环绕的乡村小路。

小印度的主神殿

KEVIN CLOGSTOUN/GETTY IMAGES ©

如果想像当地人一样感受新加坡，你还可以去：

- 牛车水大厦（见96页）
- Nylon Coffee Roasters（见95页）
- Colbar（见170页）
- Haji Lane（见133页）
- 惹兰勿刹（见127页）
- 吉尔曼兵营（见167页）
- 维拉玛卡里雅曼兴都庙（见118页）
- 新加坡赛马会（见170页）
- Mustafa Centre（见133页）
- 雷克斯电影院（见129页）

每日行程

第一天

在**亚坤咖椰吐司**（见98页），用椰浆面包、溏心蛋和浓咖啡开启你的新加坡之行，然后沿着**码头**的河畔漫步。继续走到**新加坡国家博物馆**（National Museum of Singapore; 见48页）或**新加坡国家美术馆**（National Gallery Singapore; 见44页）深入了解新加坡的文化，然后在**National Kitchen by Violet Oon**（见56页）品尝土生华人菜肴。

接着到牛车水去感受**马里安曼兴都庙**（Sri Mariamman Temple; 见92页）和附近的**佛牙寺龙华院**（Buddha Tooth Relic Temple; 见92页）。如果想要简要了解该地区的历史，可以前往**牛车水原貌馆**（Chinatown Heritage Centre; 见86页）。你还可以爬上**Pinnacle@Duxton**（见94页），鸟瞰天际线，或者在**People's Park Complex**（见94页）进行一次便宜的按摩。

你可以在**Momma Kong's**（见94页）、**Ding Dong**（见95页）或**Burnt Ends**（见94页）享用一顿正餐，然后乘坐出租车前往极具氛围的**夜间动物园**（Night Safari; 见146页）。你也可以晚一些用餐，晚上在地下酒窖**Operation Dagger**（见98页）或屋顶酒吧**Potato Head Folk**（见98页）喝一杯鸡尾酒。

第二天

小印度道路旁边有许多饱经风霜的裁缝店，空气中飘散着孜然的香气，弥漫着宝莱坞音乐。在**维拉玛卡里雅曼兴都庙**（见118页）欣赏缤纷的色彩，聆听僧侣们的吟唱，在**Tekka Centre**（见123页）购买一件纱丽。在新建的**印度传统文化馆**（Indian Heritage Centre; 见118页）了解更多关于该地区的背景故事，然后在**Lagnaa Barefoot Dining**（见123页）选择适合自己口味的香料。

在阴凉、舒适的**乌节路**（Orchard Road）上，躲避下午的炎热。在**Antiques of the Orient**（见79页）购买罕见的新加坡版画和书籍，在**Robinsons**（见81页）和**Sects Shop**（见79页）购买鉴赏家作品。购物之后就可以去酒吧了，你可以在**Bar on 5**（见78页）品尝一杯"欢乐时光"的马提尼或是在**翡翠山路**（Emerald Hill Road）喝一杯啤酒。

如果在**Satay by the Bay**(见58页)用餐的话,你就已经身在**滨海湾花园**(Gardens by the Bay;见175页)了。留足时间去探索新加坡的新植物园,包括鲜花穹顶(Flower Dome)和云雾森林(Cloud Forest)。花园里的擎天大树(Supertrees)在夜间的灯光秀期间(19:45和20:45)特别壮观。

没时间?

我们将新加坡的所有必游看点融入这些按天规划的行程，确保你能在有限的时间内领略到新加坡的精华。

第三天

早早起床，在世界一流的**新加坡动物园**(Singapore Zoo)里与猩猩一起享用早餐——**Jungle Breakfast with Wildlife**(见145页)。因为有许多地方要游览，所以要乘坐有轨电车，才能玩遍整个动物园。喂食时间，你还有机会与活跃的动物近距离接触，亲身体验。

在动物园快速吃完午餐，前往新加坡令人愉快的岛屿——**圣淘沙岛**(Sentosa)，尽情享受纯粹的乐趣。电影主题公园**环球影城**(Universal Studios; 见136页)既能让人心跳加速，又能让人平静。你还可以在壮观的**海洋水族馆**(SEA Aquarium; 见139页)观察大大小小的生物，也可以在**Wave House**(见140页)体验人工海浪，或者在**iFly**(见139页)预订室内跳伞。

在棕榈树环绕的圣淘沙海滩上，放慢脚步，喝一些饮品，选择包括**Coastes**(见143页)或更为隐蔽的**Tanjong Beach Club**(见142页)。你可以在码头边的**Mykonos on the Bay**(见142页)享用晚餐，不过，**Il Lido at the Cliff**(见141页)更为浪漫。如果你带孩子旅行，可以考虑一下**时光之翼**(Wings of Time; 见143页)，这将是一场价值数百万美元的声光和激光盛宴。

第四天

如果想要体验一下20世纪50年代的新加坡，你可以到樟宜乘小贩船前往**乌敏岛**(Pulau Ubin)。租一辆自行车，在岛上宁静的、丛林环绕的道路上骑行，经过锡制的房屋、古怪的神祠，沿着红树林木板路漫步。这里甚至还有一个山地车公园，适合各类旅行者骑行。

当你探索完慵懒的**乌敏岛**(Pulau Ubin)之后，你就可以搭乘一艘小贩船返回新加坡。如果天色还不算太晚，你可以前往感人的**樟宜博物馆和礼拜堂**(Changi Museum & Chapel; 见111页)，它讲述了在日本占领新加坡期间人们所承受的痛苦和他们坚忍的意志。如果天色已晚，你可以在**樟宜村**(Changi Village)的商店闲逛，在**Coastal Settlement**(见111页)停下来，喝一杯啤酒。

傍晚时分到**芽笼**(Geylang)，宁静的怀旧氛围会被缤纷的霓虹灯所取代。芽笼是一个红灯区，同时也有寺庙、清真寺和一些新加坡最好的食物。回到城市，在**新加坡国家美术馆**(National Gallery Singapore)屋顶的时尚酒吧**Smoke and Mirrors**(见61页)结束这一天的旅行，你可以在那里欣赏到滨海湾金沙(Marina Bay Sands)壮观的夜间灯光和激光秀。

行前参考

更多信息，
见生存指南（见177页）

货币

新加坡元（S$），简称新元

语言

英语、普通话、马来语、泰米尔语

签证

中国大陆旅行者可通过指定授权旅行社申请14天个人旅游签证，并需填写表格及准备各种材料。新加坡政府针对中国公民推出10年多次往返签证，申请者无需特别申请，符合条件的将自动获得10年期多次入境签证。拥有第三国签证及机票或船票等条件过境新加坡时，可在新加坡免签逗留96小时。

现金及支付

自动柜员机分布广泛，部分支持银联。所有的酒店和餐馆都可以使用信用卡。餐馆、酒店、便利店及出租车部分支持银联、支付宝和微信支付。

手机

新加坡使用GSM网络，在便利店和电信营业厅（Singtel、Starhub和M1）可买到预付费的SIM卡，也有4G网络覆盖。

时间

新加坡标准时间（GMT/UTC+8小时）与北京时间没有时差。

电源插头和适配器

英国使用的三孔插头。电流是220~240V。

小费

几乎无须支付小费。

① 出发前

每日预算

经济 少于S$200

- 宿舍床位：S$20~40
- 小贩中心餐食：S$6左右
- 主要博物馆门票：S$6~20

中档 S$200~350

- 中档酒店双人大床房：S$140~250
- 两道菜双人晚餐（含酒）：S$70
- 顶级酒吧鸡尾酒：每杯S$18~25

高档 高于S$350

- 四星级和五星级酒店大床房：S$250~700
- 顶级餐厅用餐：S$250或更多

网络资源

Lonely Planet（www.lonelyplanet.com/singapore）目的地信息，酒店预订。

Your Singapore（www.yoursingapore.com）具有便利计划功能的旅游网站。

Honeycombers（www.thehoneycombers.com）提供活动、就餐、饮品和购物信息。

提前计划

提前2个月 预订一级方程式赛车（Formula One）等重大活动的门票。预订热门的高级餐厅。

提前1个月 如果你打算在宿舍里度过周末，请预订一个床位。

提前1周 查找最新的新加坡住宿信息，核对各个活动或节日的时间。预订一顿豪华酒店的早午餐。

❷ 抵达新加坡后

樟宜机场（Changi Airport; www.changiairport.com）亚洲主要的航空枢纽之一，也是新加坡的主要门户。

- 新加坡地铁从机场开往市区，运营时间是5:30至午夜。公共汽车的运营时间是6:00至午夜。地铁和公共汽车的起价都是S$1.85。
- 机场穿梭巴士（成人 S$9，儿童 S$6）24小时运营。
- 乘坐出租车的费用是S$20~40，午夜至次日6:00，费用增加50%，外加机场附加费。
- 乘坐四座豪华出租车的费用为S$55，每站外加S$15的附加费。可以在机场底层的交通服务咨询台咨询。

从樟宜机场出发

目的地	最佳交通方式
殖民区、码头和滨海湾	地铁
乌节路	36路公共汽车
牛车水和中央商务区	地铁
小印度和小阿拉伯	地铁
圣淘沙岛	地铁，然后转乘单轨圣淘沙快车
荷兰村、登布西山和植物园	荷兰村：地铁；登布西山：地铁，然后转乘7路、75路、77路、105路、106路、123路或174路公共汽车
新加坡西部和西南部	地铁

虽然价格较贵，但无论你住在新加坡的哪个地方，在樟宜机场乘坐出租车还是目前为止较快的出行选择。

❸ 当地交通

公共交通既高效又安全，还比较便宜。

在新加坡地铁站柜台购买一张EZ-Link卡（S$12，包括不退还的押金S$5），既可以省时又可以省钱。该卡片在地铁、公共汽车和许多出租车上都可以使用。

可以在车站售票机上用现金或ATM卡为EZ-Link卡充值。最少充值S$10。

新加坡地铁

当地的地铁有五条线路，以不同颜色区分，是前往各地最简单的方式。运营时间：5:30至午夜。

公共汽车

线路覆盖新加坡地铁地区和更远的地方。运营时间：6:00至午夜，还有一些夜间运营服务。

出租车

安全，可靠，相对便宜。你可以在出租车站叫计程车，也可以在街上直接打车。如果在高峰时段乘车，请提前预订。在高峰时段以及午夜至次日6:00，还需支付高额的附加费。

区域速览

值得一游

顶级景点

新加坡动物园（见144页）

夜间动物园（见146页）

荷兰村、登布西山和植物园（见148页）

啜饮拿铁的侨民，在改造后的殖民营房展出的精美古董，面积不断扩大的新加坡植物园——这些都是新加坡之旅的精华。

顶级景点

新加坡植物园

新加坡西部和西南部（见160页）

城市里的世外桃源。在这里，你可以进行丛林树冠漫步，在山顶品尝鸡尾酒，游览历史战争遗址，观赏鲜为人知的文化瑰宝。

顶级景点

南部山脊

圣淘沙岛（见134页）

欢迎来到奇幻岛（Fantasy Island）——一个集主题公园、活动表演、日落海滩酒吧和滨海餐厅为一体的大型游乐园。

顶级景点

环球影城

乌节路(见68页)

数不清的商场云集在乌节路——从未来主义风格到明显的复古风格,在这条配备空调的购物街上消费,就像一场在拉斯维加斯大道上的赌博。

小印度和小阿拉伯(见112页)

布满沙砾、色彩缤纷的巷道上到处都是香料摊、圣殿、古怪的圆顶清真寺、水烟咖啡馆和独立时装精品店,没来过新加坡的人一定不会将这些东西与新加坡联系在一起。

殖民区、码头和滨海湾(见42页)

时髦的殖民建筑,现代的奇迹,一流的博物馆,以及河滨的美酒和美食。

顶级景点

- 新加坡国家美术馆
- 滨海湾花园
- 新加坡国家博物馆

牛车水和中央商务区(见84页)

两个截然不同的地方合二为一,既有令人兴奋的寺庙,也有热气腾腾的小贩中心;既有黄铜色的摩天大楼,也有经过改造的店铺——挤满了时髦的餐厅和酒吧。

顶级景点

- 牛车水原貌馆

值得一游

当地生活

- 中峇鲁(见82页)
- 加东(见106页)
- 芽笼(见108页)
- 樟宜和乌敏岛(见110页)

探索
新加坡

值得一游

最佳步行游览

夜晚的滨海湾金沙酒店和艺术科学博物馆
/GETTY IMAGES ©

探索

殖民区、码头和滨海湾

殖民区(Colonial District)19世纪的建筑、一流的博物馆和庞大的商场令人眼花缭乱。蜿蜒曲折的新加坡河地处城南，你可以在那里找到码头及码头上的餐馆、酒吧和夜店。在东部，河流流入滨海湾——那里有备受欢迎的滨海湾花园(如上图)、度假村、赌场，以及娱乐和餐饮综合设施完备的滨海湾金沙购物广场。

一日游行程

清晨，沿着新加坡河漫步，欣赏新加坡壮观的地平线。河畔是**亚洲文明博物馆**（见52页），这里有来自亚洲各地令人叹为观止的艺术藏品。你还可以在**新加坡国家美术馆**（见44页）探索令人梦寐以求的东南亚艺术藏品。

如果你饿得肚子咕咕叫了，新加坡国家美术馆就有几个就餐选择，其中包括好评如潮的土生华人餐馆**National Kitchen by Violet Oon**（见56页）。吃饱之后，对文化感兴趣的人可以在**新加坡国家博物馆**（见48页）或**土生华人博物馆**（见52页）继续文化之旅。你也可以在**Naiise**（见65页）或**滨海湾金沙购物中心**（见67页）购买当地设计的商品。

如果想要吃晚餐，可以到大排档**Satay by the Bay**（见58页）就餐，餐厅位于壮观的**滨海湾花园**（见46页）。这里的亮点包括鲜花穹顶（Flower Dome）、云雾森林（Cloud Forest），以及视野开阔的OCBC空中步道（OCBC Skyway）。可以等待《花园狂想曲》（*Garden Rhapsody*）声光秀上演，然后再在**Lantern**（见62页）或**Smoke and Mirrors**（见61页）结束一天的旅程。

顶级景点

滨海湾花园（见46页）

新加坡国家美术馆（见44页）

新加坡国家博物馆（见48页）

新加坡最佳

就餐

National Kitchen by Violet Oon（见56页）

Odette（见56页）

Gluttons Bay（见57页）

饮品

Smoke and Mirrors（见61页）

Landing Point（见61页）

Southbridge（见61页）

到达和离开

Ⓜ **新加坡地铁** 市政厅站（City Hall；红色和绿色线路）和Dhoby Ghaut（紫色、红色和黄色线路）是前往殖民区最便利的车站。从市政厅穿过地下商场就可以到达Esplanade（黄色线路）。Raffles Place（红色线路和绿色线路）和克拉码头站（Clarke Quay；紫色线路）都通往码头。滨海湾（Marina Bay；红色线路）和Bayfront（黄色线路和蓝色线路）都通往滨海湾金沙。

顶级景点

新加坡国家美术馆

花费10年时间、耗资5.3亿新加坡元建造的新加坡国家美术馆（National Gallery Singapore），是探索殖民和后殖民时期东南亚艺术的重要地点之一。它坐落在历史悠久的市政厅和最高法院旧址的大楼里，其中收藏的8000多件19世纪和现代东南亚艺术作品，占据了两个主要的画廊空间。

见50页地图，E3

www.nationalgallery.sg

St Andrew's Rd

成人/儿童 S$20/15

周日至周四 10:00～19:00，周五和周六 至22:00

M City Hall

不要错过

建筑

新加坡的前市政厅和最高法院旧址的大楼由玻璃和铝架支起的顶棚相连，构成了新加坡最大的视觉艺术作品，面积达64,000平方米。从St Andrew's Rd一端的门进入，亲自了解一下这两座巨大的殖民建筑是怎样被无缝连接的。团队游每天2次；不要错过法庭的牢房，新加坡的许多被告曾经在那里等待他们的命运。

星展银行新加坡美术馆

名为"Siapa Nama Kamu?"（马来语是"你叫什么名字?"的意思），星展银行新加坡美术馆（DBS Singapore Gallery）对19世纪至今的新加坡艺术进行了全面的介绍。不要错过2号画廊（Gallery Two）里的Portrait of Lee Boon Ngan，注意她的衣领是如何闪耀的。在2号画廊里还可以看到黑白的木版画《海景》（*Seascape*），是由六名艺术家共同创作的。最后，让《椅子》（*Chair*）来激发一下你的思维，它是特别为画廊重新创作的。

大华银行东南亚美术馆

大华银行东南亚美术馆（UOB Southeast Asia Gallery）坐落在旧最高法院中，你可以在这里了解大东南亚地区的艺术和艺术背景。走进昏暗的1号画廊（Gallery One），这里曾经是一个法庭，现在摆放着19世纪下半叶的艺术作品，当时东南亚大部分地区都处于殖民统治之下。在3号画廊（Gallery Three），你可看到Raden Saleh满墙的《森林大火》（*Forest Fire*）；不过，可能会令你大吃一惊的是，《受伤的狮子》（*Wounded Lion*）也是由Raden Saleh创作的。同样值得一看的还有11号画廊（Gallery 11）里色彩鲜艳的越南宣传海报。

独家贴士

▶参加博物馆组织的1小时团队游，可以免费参观美术馆和建筑物的亮点部分。每次只有20个名额，先到先得。需要在团队游出发前20分钟在B1大厅的游客接待处（Tour Desk, B1 Concourse）登记。请登录网站查询出发时间。

吃喝落脚点

如果你需要稍作休息或购买一些东西，可以前往一层的**Gallery & Co.**（☎6385 6683; www.galleryand.co; 01-05 & 01-17 City Hall Wing, National Gallery Singapore; ⏰周一至周四10:00~19:00，周五至周日至22:00），在那里可以找到设计师的书籍、饰品和纪念品。

博物馆里有两家食品店，不过，在Keppel Centre入口附近的咖啡和纸杯蛋糕是最好的。

顶级景点
滨海湾花园

欢迎来到未来植物园，这是一个梦幻之地，里面有太空时代的生物穹顶、高科技的擎天大树和天马行空的雕塑。耗资10亿新元、占地101公顷的滨海湾花园不仅是一片清新的绿地，也是城市规划的经典巨作，受到自然爱好者和建筑发烧友的热爱。

见50页地图，H5

6420 6848

www.gardensbythebay.com.sg

18 Marina Gardens Dr

花园免费，温室 成人/儿童 S$28/15

温室 5:00至次日2:00

Bayfront

云雾森林穹顶

不要错过

温室

植物园内的温室结构并不对称，形状酷似悬在滨海湾上空的巨型鹦鹉螺。这里种植着800个品种约217,000株植物，**鲜花穹顶**（Flower Dome）则再现了干燥的地中海气候，古老的橄榄树在这里茁壮成长。精致的餐馆**Pollen**也坐落在这里，它从花园中获取食材。**云雾森林穹顶**（Cloud Forest Dome）上云雾缭绕，再现了海拔1500~3000米的热带山地气候。它的中心是一座35米高的山，山上有瀑布。

擎天大树和雕塑

擎天大树将植物和科技结合在一起。18个钢筋混凝土结构上面装饰着超过162,900株植物。这些建筑是花园的生物蒸汽轮机的巨大的排风口，它们被用于发电，给温室制冷。如果想要拥有一览无余的视野，可以徒步穿过22米高的**OCBC空中步道**（⌚9:00~21:00），它连接着Supertree Grove的6棵擎天大树。你可以在Supertree Grove购买门票（S$8，只收取现金）。每天19:45和20:45，这些擎天大树就会变成壮观的声光秀——《花园狂想曲》的主角。

在花园的众多艺术品中，最引人注目的是马克·奎恩（Mark Quinn）创作的巨大的《星球》（*Planet*）。这个雕塑体积巨大，是一个7个月大、睡得很熟的婴儿，看起来像是漂浮在地面之上。作品于2008年完成，之后被捐赠给滨海湾花园。这座青铜雕塑重达7吨，原型是奎恩的儿子，你会在这里获得一种绝妙的体验。

☑ 独家贴士

▶ 最佳的游览时间是傍晚，那时天气不太炎热，还可于每天19:45和20:45观看擎天大树声光秀——《花园狂想曲》。

▶ 滨海湾花园有便利的现场穿梭巴士。上车购票（只收取小面额现金）。请注意，运营服务从每个月的第一个周一的12:30开始。

吃喝落脚点

在鲜花穹顶的Pollen（见57页）用餐。这家餐厅还提供极好的下午茶。

如果想要吃些便宜的食物，可以选择露天的小贩中心Satay by the Bay（见58页）。

顶级景点

新加坡国家博物馆

新加坡国家博物馆妙趣横生，馆藏丰富，设计精美，仅仅参观一次必定让你意犹未尽。在最近的改造中，活灵活现的多媒体画廊把新加坡极为丰富的历史展现得栩栩如生。这是一段温馨而有趣的旅程，你可以穿越到古代的马来皇室和殖民时代的历史，进入20世纪的暴乱、革新、食品、时尚和电影。

见50页地图，D1

6332 3659

www.nationalmuseum.sg

93 Stamford Rd

成人/儿童、学生和老人S$10/5

10:00~18:30

Dhoby Ghaut, Bras Basah

不要错过

历史美术馆

在跨越六个世纪的历史美术馆（History Gallery），你可以一窥鸦片烟馆，了解日本占领时期的悲惨故事，甚至还能闻到老新加坡河的恶臭！二层的展览奇迹般地重现了过去100年中新加坡的日常生活——从殖民时代的流行和时尚，到战争幸存者恢复活力和希望的故事。随着新加坡国家的建立，其艺术和文化逐渐也被人们所接受。最后的展览“欲望和危险”，展示了新加坡第一任驻扎官兼指挥官威廉·法夸尔（William Farquhar）创作于19世纪的精美植物水彩画。在上面的几层，还有博物馆的顶级临时展览，展览主题从独立后的艺术品到新加坡的赛车史，非常丰富。

艺术设施和建筑

这座博物馆有几处引人注目的室内和室外艺术装置，其中包括Pedas Pedas，它是一个巨大的青铜辣椒，位于该建筑群后面的草坪上。这是新加坡的概念艺术家库玛丽·纳哈潘（Kumari Nahappan）为博物馆创作的，这一辣椒被视为新加坡的象征：小巧而热情，强大而充满活力。

博物馆的杰出建筑也享誉盛名。其中精致的新古典主义建筑是莱佛士图书馆和博物馆（Raffles Library and Museum），建于1887年，拥有一个令人惊叹的旋转大厅，装饰着50块彩色玻璃。这里还有一个玻璃通道（Glass Passage），可以看到穹顶外部的景观，以及它令人震惊的16米高的玻璃圆形大厅（Glass Rotunda）。

☑ 独家贴士

- 如果你是一个历史爱好者，一定要留出大约4小时的时间来探索博物馆。游览完后，从顶层离开，然后在福康宁公园周围漫步，新加坡的一些历史事件就是在那里发生的。
- 每天提供免费的导览游；登录网站查询时间。
- 每天的18:00~20:00，可以免费进入Living Galleries。

吃喝落脚点

如果你想要歇歇脚的话，就前往**Food for Thought**（☎6338 9887；www.foodforthought.com.sg；01-04/05, National Museum of Singapore；主菜 S$16~25；⏲周日至周四 10:00~18:30，周五和周六 10:00~21:00）吃一顿快餐或者品尝咖啡和蛋糕。

详细介绍请见

	顶级景点	44页
	景点	52页
	就餐	56页
	饮品	61页
	娱乐	64页
	购物	65页

E
F
G
H
1
2
3
4
5
Queen St
Victoria St
North Bridge Rd
Middle Rd
Purvis St
Seah St
Beach Rd
Cashin St
Nicoll Hwy
Rochor Rd
Republic Blvd
Bras Basah Rd
Temasek Blvd
Temasek Ave
Raffles Blvd
RafflesLink
City Link Mall
St Andrew's Rd
Connaught Dr
Esplanade Dr
Raffles Ave
East Coast Pkwy (ECP)
Helix Bridge
Bayfront Ave
Collyer Quay
Fullerton Rd
Raffles Quay
Marina Blvd
34
MINT Museum of Toys
9
玩具博物馆
21
13
5
Raffles Hotel
莱佛士酒店
36
Esplanade
Promenade
37
City Hall 市政厅
Civil War Memorial Park
6
St Andrew's Cathedral
圣安德烈大教堂
11
Padang
National Gallery Singapore
新加坡国家美术馆
30
14
Marina Promenade
滨海步道
Esplanade Park
Esplanade Bridge
Esplanade Jetty
The Float @ Marina Bay
1
Asian Civilisations Museum
亚洲文明博物馆
Merlion Park
鱼尾狮公园
One Fullerton
Cavenagh Bridge
Marina Bay
滨海湾
8
ArtScience Museum
艺术科学博物馆
Rasapura Masters
19
15
Flower Dome
鲜花穹顶
Gardens by the Bay
滨海湾花园
23
25
Marina Bay Sands
滨海湾金沙酒店
7
Marina Bay Sands Hotel
Bayfront
Supertree Grove
擎天大树
27
0
500 m
0
0.25 miles

景点

亚洲文明博物馆

博物馆

1 见50页地图，E4

这座卓越的博物馆存有该地区最全面的泛亚洲珍品收藏，探寻了东南亚、中国、南亚次大陆和西亚的历史、文化和宗教。博物馆2017年结束了彻底的改建，新增的郭芳枫楼夹于博物馆原有的殖民时期建筑当中；四面皆是落地玻璃窗的邱德拔展厅面向新加坡河。由于新加坡作为港口城市的历史，新的展厅也强调了跨文化关系的发展。邱德拔展厅中固定展出唐代沉船（Tang Shipwreck）"黑宝石"，同时展出500多件重见天日的藏品。（Asian Civilisations Museum；6332 7798；www.acm.org.sg；1 Empress Pl；成人/儿童 S$20/15，周五19:00~21:00 半价；周六至周四 10:00~19:00，周五 至21:00；Raffles Place）

土生华人博物馆

博物馆

2 见50页地图，D2

这里是探寻土生华人（海峡华人的后代）丰富多彩的文化遗产的最佳地点。主题展馆涉及土生华人文化的各个方面，从传统的12日婚礼到工艺品、精神追求和宴席。留意华丽繁复的礼服和串珠饰品、精雕细刻的婚床，以及稀有的瓷质餐具。土生华人融合文化中一个特别奇特的例子是一对维多利亚时代钟形玻璃罩，内有装饰着中式花卉和藤蔓的基督和圣母雕像。（Peranakan Museum；6332 7591；www.peranakanmuseum.org.sg；39 Armenian St；成人/儿童 S$ 6/3，周五 19:00~21:00 半价；10:00~19:00，周五 至 21:00；City Hall）

新加坡美术馆

博物馆

3 见50页地图，D1

新加坡美术馆的前身是圣约瑟夫学院（St Joseph's Institution），一家天主教的男子学校。现在这里是东南亚当代艺术的汇聚地。主题展览的作品有的来自博物馆的永久收藏，有的来自私人收藏，形式包括绘画、雕塑、视频艺术和特定场地的装置艺术等。博物馆每天有2~3次45分钟的免费英语导览游，登录网站核实导览游时间。（Singapore Art Museum, SAM；6589 9580；www.singaporeartmuseum.sg；71 Bras Basah Rd；成人/学生及老年人 S$10/5，周五 18:00~21:00 免费；周六至周四 10:00~19:00，周五 至21:00；Bras Basah）

福康宁公园

公园

4 见50页地图，C2

莱佛士进入新加坡的时候，当地人出于对苏丹依斯干达沙（Sultan Iskandar Shah，古代新加坡末代统治者）的圣地的尊敬，会绕开福康宁山（Fort Canning Hill），后来这里也被称为禁山（Bukit Larangan）。如今，这座山因为福康宁公园而更加出名；相对于山下热闹的街道，苍翠繁茂的公园是个休养胜地。漫步穿过

亚洲文明博物馆

香料园，在**新加坡巴黎美术馆**（Singapore Pinacothéque de Paris；☎6883 1588；www.pinacotheque.com.sg；5 Cox Tce；Heritage Gallery，涂鸦步道和花园步道 免费，所有展馆 成人/学生/7岁以下儿童 S$28/19/9；⊙10:00~18:00；MDhoby Ghaut）看看展览，或者在**碉堡博物馆**（Battlebox Museum；☎6338 6133；www.battlebox.com.sg；2 Cox Tce；成人票/儿童票 S$18/9；⊙团队游 周一 13:30，14:45和16:00，周二至周日 9:45，11:00，13:30，14:45和16:00；MDhoby Ghaut）思索一番新加坡在战争中的失败。（Fort Canning Park；www.nparks.gov.sg；bounded by Hill St，Canning Rise，Clemenceau Ave & River Valley Rd；MDhoby Ghaut，Clarke Quay）

莱佛士酒店

知名建筑

5 见50页地图，E2

虽然华丽的大堂仅限酒店客人进入，酒吧也是个性价比不高的地方，但新加坡最具标志性的夜宿皇宫还是值得快速游览一番，看看豪华的象牙门面、著名的锡克门房和葱茏安静的热带院落。1887年开张时，这家酒店是只有10个房间的平房，面朝海滩（由于填海，早已不复当初），如今依然能让人想起作为大英帝国的边远角落，新加坡那段沼泽遍地、虎狼游荡的日子。（Raffles Hotel；☎6337 1886；www.raffleshotel.com；1 Beach Rd；MCity Hall）

当地生活

缅甸半岛

从市政厅地铁站出发，穿过North Bridge Rd，你可能会以为自己到了仰光。事实上，你是在**半岛广场**（Peninsula Plaza；www.peninsulaplaza.com.sg；111 North Bridge Rd；9:00~21:00；City Hall）购物中心——新加坡非官方的“小缅甸”。在货币兑换处、相机商店和庞大的沓沓鞋店之间有一群缅甸商人，有的从事签证和旅行服务，有的则开设裁缝铺和小艺术品摊。这里有售卖缅甸茶的摊位，也有槟榔摊，为游客供应提神的物品。如果想要品尝缅甸令人垂涎的食物，可以到地下的**Inle Myanmar**[6333 5438；www.inlemyanmar.com.sg；B1-07（A/B），North Bridge Rd；菜肴 S$8~25；周一至周六 11:00~22:00，周日 10:00开始营业；；City Hall]。

圣安德烈大教堂 教堂

6 见50页地图，E2

这座适合举行婚礼的大教堂由苏格兰商人资助，印度罪犯建造，与周围的玻璃和钢铁形成了鲜明的对比。它于1838年完工，但因1862年的雷击而被推倒，并重新建造成了现在的样子。这是新加坡现存最好的英国哥特式建筑典范之一。有趣的细节包括热带风情的停车门廊（porte-cochère）入口——目的是为乘客提供遮蔽，以及彩色玻璃装饰的西墙。（St Andrew's Cathedral；6337 6104；www.livingstreams.org.sg；11 St Andrew's Rd；9:00~17:00；City Hall）

滨海湾金沙酒店 综合设施

7 见50页地图，G5

由以色列裔北美建筑师摩西·萨夫迪（Moshe Safdie）设计，滨海湾金沙酒店是一处庞大的综合设施，有酒店、赌场、商场、剧院、展览馆和博物馆。主角是**滨海湾金沙酒店**（Marina Bay Sands hotel；6688 8888；www.marinabaysands.com；10 Bayfront Ave；房间 S$500起；；Bayfront），三座55层的塔楼由一座悬臂式的空中公园连接。前往**CÉ LA VI**（6688 7688；www.sg.celavi.com；Level 57；正午至深夜）喝杯饮品（以前名为Ku De Ta的空中酒吧），欣赏美景。每天夜里，这里都有13分钟盛大的灯光和激光演出Wonder Full，令人眼花缭乱。（Marina Bay Sands；www.marinabaysands.com；Marina Bay；Bayfront）

艺术科学博物馆 博物馆

8 见50页地图，G4

由颇负盛名的摩西·萨夫迪（Moshe Safdie）设计，其外观像一朵巨大的白莲花，被百合花池塘环绕。艺术科学博物馆在艺术、设计、媒体、科学和技术等各个领域都有重要的国际巡回展览。在这里，从深海生物探索到世界闻名的工业设计师的回顾展，一切都非常值得期待。(ArtScience Museum; ☎6688 8826; www.marinabaysands.com/museum; Marina Bay Sands; 平均票价 成人/13岁以下儿童 S$17/12; ⏲10:00~19:00，最后入场时间18:00; Ⓜ Bayfront)

玩具博物馆

博物馆

9 见50页地图，E1

这座玩乐博物馆洋溢着怀旧之风，四层楼的空间中收藏着超过5万件老式玩具。在这里，从罕见的闪电侠(Flash Gordon)漫画和超音速玩具枪到最初的米老鼠玩偶和来自20世纪30年代奇丑无比的怪物，应有尽有。你可以在大厅的商店购买一些奇怪的玩具，或者在隔壁的**Mr Punch Rooftop Bar**(☎6339 6266; www.mrpunch.com; 26 Seah St; ⏲周一至周四 15:00~23:30，周五 至次日2:00，周六 11:00~23:30，周日至18:00; Ⓜ City Hall, Esplanade)喝一杯烈性饮料庆祝长大成人。(MINT Museum of Toys; ☎6339 0660; www.emint.com; 26 Seah

了解当地

新加坡英语(Singlish, lah!)!

新加坡英语虽无成体系的语法，但却具有明显的特征。动词时态缺失，现在和将来都是以时间状语来表示，所以在新加坡英语中，直接说"I go tomorrow"或"I go yesterday"。长单词的重音往往落在最后一个音节上，这样，标准英语中的"government"就变成了"guvva-men"。

以辅音结尾的单词，末尾的辅音通常被省略，元音也常含混不清。一个说中文的出租车司机可能不会马上明白你想要去Perak Rd，除非你说成是"Pera Roh"。

一个典型的可能会让人困惑的交流就是像这样："Eh, this Sunday you going cheong (party) anot? No ah? Why like that? Don' t be so boring lah!"其中的介词和代词都被省略了，单词顺序颠倒了，短语被省略了，重音和节奏也不是按照惯例出现的。

"lah"这个单词经常会标记在句子的末尾，以强调它的重要性，如"No good lah"。请求或提问的句子末尾也可能会被标记，因为直接询问会显得比较粗鲁。因此，为了更礼貌而问出的问题往往在西方人看来却是粗鲁的提问。比如"Would you like a beer?"变成了"You wan beer or not?"。

如果想要了解更多，可以在趣味网站Talking Cock (www.talkingcock.com)上查看仿牛津新加坡英语词典(Coxford Singlish Dictionary)。

St；成人/儿童 S$15/7.50；⏲9:30~18:30；Ⓜ City Hall, Esplanade）

GX-5 Extreme Swing
探险运动

10 见50页地图，C3

相对不太恐怖的高空运动（“相对”是这里的关键词）在隔壁的**G-Max Bungy**（☎6338 1766；www.gmax.com.sg；3E River Valley Rd；成人/学生 每次S$45/35，含GX-5 Extreme Swing S$69/50；⏲14:00至深夜；Ⓜ Clarke Quay）进行。G-Max是一种追风逐电的垂直飞行，但GX-5在新加坡河上来回摆动，速度稍微慢一些，不会那么让人眩晕。（☎6338 1766；www.gmax.com.sg；3E River Valley Rd；成人/学生 每次S$45/35，含G-Max Reverse Bungy S$69/50；⏲14:00至深夜；Ⓜ Clarke Quay）

就餐

National Kitchen by Violet Oon
土生华人菜 $$

11 见50页地图，E3

国宝级厨师温美玉（Violet Oon）烹制的正宗土生华人菜肴（中国—马来创意菜）深受喜爱——她也因此得以在美术馆（见44页）中开办餐厅。你可以在这里大啖自制美食，比如甜点、香辣小金杯（kueh pie tee；点心杯中填入虾和豆薯）、干叻沙（laksa）和炸姜黄鸡翅，搭配酸辣虾酱。（☎9834 9935；www.violetoon.com；National Gallery Singapore，1 St Andrew's Rd；菜肴S$17~42；⏲正午至14:30和18:00~21:30；Ⓜ City Hall）

Odette
新派法国菜 $$$

12 见50页地图，D3

这家现代法国餐厅在新加坡的餐饮行业中拥有雄厚的实力，尚未建成时就已声名斐然了。由从前的**Jaan**（☎6837 3322；www.jaan.com.sg；70th fl，Swissôtel The Stamford，2 Stamford Rd；午餐/晚餐 套餐S$78/168起；⏲周一至周六 正午至14:00和19:00~22:00；✍；Ⓜ City Hall）的厨师朱利安·罗杰（Julien Royer）掌舵，菜单随季节变化，制作精美。这里会给你视觉上的震撼，餐厅色调柔和，空中还飘浮着当地艺术家Dawn Ng创作的奇特展品。

至少提前一个月预订。（☎6385 0498；www.odetterestaurant.com；01-04，National Gallery，1 St Andrew's Rd；午餐 S$88起，晚餐S$208起；⏲周二至周六 正午至13:30，周一至周六 19:00~21:00；✍；Ⓜ City Hall）

Whitegrass
新派澳洲菜 $$$

13 见50页地图，E2

这家精致餐馆里的所有细节都是由主厨兼老板Sam Aisbett设计的。从澳大利亚产品、Roland Lannier牛排刀，以及当地插画家的画作（不要把它误认为是壁纸），一切都拥有一种时髦感。菜单上有日本和亚洲风味菜肴；其中的一大亮点是西澳大利亚坚果搭配以沙漠青柠、腌黄瓜和烤黄瓜、青蒜、早餐萝卜和海滩多肉植物。（☎6837 0402；www.whitegrass.com.sg；01-26/27，Chijmes，30 Victoria St；2/3/5道菜的午餐 S$48/64/135，5/8道菜的晚餐

在Gluttons Bay用餐

S$170/265；⏲周一至周三和周六 18:30~21:30，周四和周五 正午至14:15和18:30~21:30；✍；Ⓜ City Hall，Bras Basah）

Gluttons Bay

小贩中心 $

14 见50页地图，F3

这排户外摊贩入选了《美食面面观》（*Makansutra Food Guide*），是开启你的新加坡美食奇幻之旅的好地方。在传统菜肴面前你会很难做出选择，比如蚵仔煎、沙嗲、烤黄貂鱼和胡萝卜蛋糕（可以选择黑色的样式）。市中心海湾边的位置让它大受追捧，所以早点或晚点去，以免还得沮丧地找桌子。（www.makansutra.com；01-15，Esplanade Mall，8 Raffles Ave；菜肴 $5起；⏲周一至周四 17:00至次日2:00，周五和周六 至次日3:00，周日 16:00至次日1:00；Ⓜ Esplanade）

Pollen

欧洲菜 $$$

15 见50页地图，H4

位于滨海湾花园的鲜花穹顶里面（用餐时免费入场），漂亮的Pollen是伦敦备受赞誉的Pollen Street Social在新加坡的衍生品。它的菜单提供了巧妙的、以农产品为先导的欧洲风味菜肴，其中还加入了一点儿亚洲风味。三道菜的午餐套餐（S$55）非常划算，而Pollen更加休闲的楼上咖啡馆，在每周三至下周周一的15:00~17:00供应美味的下午茶（至少提前一周预订）。（☎6604 9988；www.pollen.com.sg；Flower Dome，Gardens by the Bay，18

Marina Gardens Dr；主菜 S$40~70，5道菜的晚餐品尝菜单 S$180；周三至周一 正午至14:30和18:00~21:30，Pollen Terrace咖啡馆9:00~21:00；Bayfront）

Super Loco

墨西哥菜 $$

16 见50页地图，A3

这家轻松活泼的时尚食堂有墨西哥派对氛围、西班牙文字的粉色霓虹灯和穿着坎昆衬衫的幽默的酒吧侍者，唯一缺少的就是海滩。来杯够劲的冰玛格丽塔消磨好时光，然后对着出色的酸橘汁腌鱼、吸引人的螃蟹和牛油果玉米粉圆饼，以及美味得不可思议的鱼肉（pescado）炸玉米饼垂涎三尺。（6235 8900；www.super-loco.com；01-13，Robertson Quay；玉米饼 S$8~12，玉米粉饼 S$14~16；周一至周四 17:00~22:30，周五至23:00，周六10:00~15:30和17:00~23:00，周日 至22:00；51路，64路，123路，186路）

Curry Culture

印度菜 $$

17 见50页地图，A3

这家出色的印度餐馆有柔和的灯光和半露天的场地，供应一些口味丰富、口感细腻的美食，比如味道浓烈的印式酥脆沙拉（papdi chaat；脆皮面饼上面加上五香土豆、酸乳酪和酸辣酱）、诱人的Hyderabadi baingan（把茄子放在新鲜的椰子和花生酱中），以及令人惊叹的bhuna gosht（用香料慢炖的羊肉，配上焦糖洋葱）。你可以用一种舒缓的姜汁来降温，里面加入了炸咖喱叶来增加口感。（6235 6134；www.thecurryculture.com.sg；01-10/11，60 Robertson Quay；主菜S$14~28；周一至周四 17:00~22:30，周五至周日 12:30~14:00和17:00~22:30；；51路，64路，123路，143路，186路）

松发肉骨茶

中国菜 $

18 见50页地图，C3

如果你需要慰藉，这个长期以来备受欢迎的小餐馆会用它的肉骨茶（bak kut teh）来满足你的需要。从字面上来说，它叫作“meat bone tea”，是一种抚慰人心的食物，把新鲜的猪排放入辛辣的肉汤中烹饪而成，肉汤中有药草、香料和整个的蒜瓣。猪排非常柔软，香甜，入口即化，工作人员会很乐意为你把碗里的肉汤续满。（Song Fa Bak Kut Teh；6533 6128；www.songfa.com.sg；11 New Bridge Rd；菜肴 S$6~11.50；周二至周日 9:00~21:15；Clarke Quay）

Satay by the Bay

小贩中心 $

19 见50页地图，H4

滨海湾花园的小贩中心，位置令人称羡，在滨海湾旁边，远离城市车流的喧嚣。夜晚尤其引人遐思，这里出名的是沙嗲，吃的时候最好在宽敞的木平台上，头顶开阔的天空。你所料不差，这里的价格比平民的小贩中心略贵，多数菜肴价格S$8~10。（www.gardensbythebay.com.sg；Gardens by the Bay，18 Marina Gardens Dr；菜肴 S$4起；食品摊位不定，饮品摊位 24小时；Bayfront）

珍宝海鲜

中国菜 $$$

20 见50页地图，B3

如果你喜欢吃香辣蟹（你应该喜欢），这是一个能够满足你口味的好地方。这里的菜肴肉汁香甜，带有果仁的味道，辣味适中。一定要点一些炸圆面包（mantou）蘸着肉汁一起食用。虽然所有的珍宝海鲜店铺都极具艺术氛围，但这家却拥有最好的河畔位置。（Jumbo Seafood; ☎6532 3435; www.jumboseafood.com.sg; 01-01/02 Riverside Point, 30 Merchant Rd; 菜肴 S$12起，鲜辣蟹 约S$78每公斤；⏲正午至14:15和18:00~23:15; Ⓜ Clarke Quay）

华乐

中国菜 $$

21 见50页地图，E1

这家豪华的广东经典餐馆是新加坡最好的午餐地点之一。这里没有推着手推车的阿姨，只有一份专门的“饮茶”菜单和随时准备为你点餐（必吃的东西包括小笼包汤包和烤叉烧包）的亲切的服务员。周末每天有两段午餐时间；晚餐需要提前3天预订。（Wah Lok; ☎6311 8188; www.carltonhotel.sg; Level 2, Carlton Hotel, 76 Bras Basah Rd; 点心 S$5~6.90，主菜 S$20~40; ⏲周一至周六 11:30~14:15和18:30~22:15，周日 11:00~14:15和18:30~22:15; 📶; Ⓜ City Hall, Bras Basah）

了解当地

城市的码头

将殖民区与中央商务区分隔开来的河滨地带被称为“码头”。

驳船码头（Ⓜ Raffles Place, Clarke Quay）驳船码头曾经是新加坡的商业中心，直到20世纪60年代仍然是一个重要的经济区域。这个地区在20世纪90年代成为一个主要的娱乐区，到处都是旅游酒吧、商店和拿着菜单的小贩。精明的商户现在已经离开了这里，因为在中心地段的街道上出现了越来越多的咖啡馆和酒吧。

克拉码头（www.clarkequay.com.sg; Ⓜ Clarke Quay）你花多少时间游览克拉码头绝对取决于你对美学的个人品位。这里的设计缤纷多姿，包括色彩大胆绚丽的栏杆，出自苏斯博士（Dr Seuss，美国著名插画家）绘本中的睡莲叶子雨伞，还有以非常艳丽的颜色粉刷的著名老街。

罗伯逊码头（🚌54路，64路，123路，139路，143路，186路，Ⓜ Clarke Quay）位于河流的最远处，罗伯逊码头曾经被用来储存货物。现在，一些老旧的仓库已经找到了新的用途，比如酒吧和会员制的聚会场所。这里的氛围比克拉码头更“成熟”，吸引着30岁以上人群的到来，他们对喝葡萄酒、餐饮和聊天的兴趣通常比对40个热门景点的兴趣更大。

夜晚的克拉码头(见59页)

Common Man Coffee Roasters

咖啡馆 $$

22 见50页地图，A2

这家通风的、工业风格的咖啡馆不仅烘焙和供应顶级的咖啡，还烹制非常好吃的食物。这里的食物非常新鲜，简单而美味，从全天供应的早餐主打，如青豌豆搭配香脆的培根和香糖浆，到午餐的藜麦沙拉搭配烤甘薯、菠菜、薄荷、胡荽、山羊奶酪和蜂蜜葡萄干酸奶。(6836 4695; www.commonmancoffeeroasters.com; 22 Martin Rd; 主菜 S$19~29; 7:30~17:30; 32路, 54路, 64路, 123路, 139路, 143路, 195路)

Pizzeria Mozza

意大利菜 $$

这家备受喜爱的餐厅(7 见50页地图，G5)的主人之一是创造力爆棚的纽约厨师马里奥·巴塔利(Mario Batali)。这里的价格并不便宜，但它是滨海湾金沙(见54页)少数几家名人厨师餐馆之一，一定会让你觉得钱花得很值。开胃小吃和帕尼尼都能够满足最挑剔的口味，而明星食品木火脆皮比萨饼一定会令你垂涎欲滴。(6688 8522; www.singapore.pizzeriamozza.com; B1-42/46, The Shoppes at Marina Bay Sands, 2 Bayfront Ave; 比萨饼 S$20~38; 正午至22:45; M Bayfront)

饮品

Smoke and Mirrors

酒吧

我们对这里的评价是：这个时髦的新酒吧（11 见50页地图，E3）拥有新加坡最好的观景视角。Smoke and Mirrors坐落在国家美术馆的顶部（见44页），面朝滨海湾金沙，两侧耸立着摩天大楼。在日落之前到达，这样你就可以坐在那里，一边喝酒，一边看着城市从白天向夜晚过渡。提前预订，并要求前排座位。（☎9234 8122；www.smokeandmirrors.com.sg；06-01，National Gallery Singapore，1 St Andrew's Rd；⏰周日至周四 正午至午夜，周五和周六 至次日2:00；Ⓜ City Hall）

Landing Point

休闲酒吧

23 见50页地图，E4

如果想要品尝一次很棒的茶点，那么这个位于水边的时髦酒吧一定是个极佳的地点。请提前预订（工作日提前一天，周末提前两周），带着空空的肚皮进来美餐一顿吧。这里有热气腾腾的TWG茶，搭配令人垂涎欲滴的食物，比如，加蛋三明治、入口即化的乳蛋饼、顶上带有鸭肉和蓝莓的奶油面包，以及焦糖黑巧克力蛋挞。（☎6597 5277；www.fullertonbayhotel.com；Fullerton Bay Hotel，80 Collyer Quay；下午茶 每位成人 S$45，含一杯香槟 S$65，每位儿童 S$22；⏰周日至周四 9:00至午夜，周五和周六 至次日1:00，下午茶 周一至周五 15:00~17:30，周六和周日 正午至15:00和15:30~18:00；📶；Ⓜ Raffles Place）

Southbridge

酒吧

24 见50页地图，D3

与普通的驳船码头酒吧不同，Southbridge位于屋顶，景色宜人。你可以一边欣赏天际线和河流，一边品尝一杯烈性的Caution鸡尾酒（四川辣味杜松子酒、Cynar、柠檬和苏打水），或者尝试一下有趣的烈酒，其中包括Zacapa 23 Solera朗姆酒和Nikka Coffey Grain威士忌。入口在后面的小巷中，紧邻South Bridge Rd。（☎6877 6965；www.southbridge.sg；5th fl，80 Boat Quay；⏰17:00~23:30；Ⓜ Clarke Quay）

独家贴士

咖啡文化

在当地的潮人中，本地咖啡豆和虹吸啤酒是风尚美味，但只有在新加坡的老式咖啡店才能品尝到真正的当地咖啡。来这里前，先要了解一些行话。“kopi”指的是加炼乳的咖啡，“kopi-o”指的是加糖的黑咖啡，而“kopi-c”则是加入炼乳和糖的咖啡。如果你需要降温，可以选择“kopi-peng”（冰咖啡）。把“kopi”这个词替换为“teh”，也会有同样的变化。teh tarik，是一种值得品尝的当地茶饮，它的字面意思是“拉茶（pulled tea）”，是一种甜香的印度茶。

ANDERS BLOMQVIST/GETTY IMAGES ©

莱佛士酒店

Lantern

酒吧

25 见50页地图，E5

这家酒吧与中央商务区的建筑相比略显矮小，盛放饮品的容器居然是塑料杯，但仍不失为品尝精致晚宴的绝佳选择。为什么？这里有闪烁的灯笼，闪闪发光的**玻璃边泳池**[仅供Fullerton Bay Hotel（6333 8388；www.fullertonbayhotel.com；80 Collyer Quay；房间 S$600起；Raffles Place）的顾客使用]，以及滨海湾浪漫的美景。（6597 5299；www.fullertonbayhotel.com；Fullerton Bay Hotel，80 Collyer Quay；周日至周四 8:00至次日1:00，周五和周六 至次日2:00；Raffles Place）

莱佛士酒店

酒吧

诚然，这里价格昂贵，但不可否认的是，下午的时候，在**莱佛士酒店**（5 见50页地图，E2）的白色殖民建筑和茂密的热带植物中间喝上一杯鸡尾酒绝对是一件惬意的事儿。在古老的**Long Bar**（周日至周四 11:00~12:30，周五和周六 至次日1:30）一扫心中的阴霾，前往喷泉环绕的**Raffles Courtyard**（www.raffleshotel.com；正午至22:30）或者在**Bar & Billiard Room**（周二至周四 17:00~23:00，周五和周六 17:00至次日1:00，周日 正午至15:00）的露台上喝一杯Raj-style。小贴士：喝完一杯甜美的“新加坡司令”（Singapore sling）后，再来一杯更美味的鸡尾酒，比如**Autumn sling**。（☎6412 1816；www.raffles.com；1 Beach Rd；Ⓜ City Hall）

Zouk

夜店

26 见50页地图，A3

2016年年底，新加坡最棒的夜店搬迁至克拉码头（位于Block C, The Cannery, River Valley Rd），吸引了世界上最大牌的DJ。可以选择好几层楼的主俱乐部、主打嘻哈的Phuture或豪华的Velvet Underground，里面悬挂着安迪·沃霍尔（Andy Warhol）、弗兰克·斯特拉（Frank Stella）和村上隆（Takashi Murakami）的原创艺术品。乘坐出租车，做好排队的准备。（www.zoukclub.com；17 Jiak Kim St；⏲Zouk 周三、周五和周六 23:00至深夜，Phuture 周三、周五和周六 22:00至深夜，Velvet Underground 周三、周五和周六 22:00至深夜，葡萄酒吧 周二 18:00至次日2:00，周三和周四 18:00至次日3:00，周五和周六 18:00至次日4:00；🚌5路，16路，75路，175路，195路，970路）

Level 33

自酿酒吧

27 见50页地图，E5

正如新加坡是个着力挖掘独特卖点的国家，这座酒吧以小桶精酿著称。自称是世界上最高的"城市自酿酒吧"，Level 33自制拉格啤酒、淡啤酒、烈啤酒、波特啤酒和小麦啤酒。你可以在滨海湾享受令人惊叹的景观，欣赏露天的美景。需要优惠消息的人注意：20:00点之前，啤酒便宜。（☎6834 3133；www.level33.com.sg；level 33, Marina Bay Financial Tower 1, 8 Marina Blvd；⏲周日至周四 正午至午夜，周五和周六 正午至次日2:00；📶；Ⓜ Downtown）

1-Altitude

酒吧

28 见50页地图，D4

世界上最高的露天酒吧，坐落在282米高的三角形露台上，可以看到360度的全景，把高耸的塔楼、殖民时期的地标和海上的船只尽收眼底。周三，女性可以免费入场，花费S$10通宵畅饮马提尼酒；而在"返回周四（Turn Back Thursday）"，可以品尝到20世纪80年代、90年代和21世纪的热门饮品。穿衣要求：男士们不要穿短裤或露趾鞋。（☎6438 0410；www.1-altitude.com；Level 63, 1 Raffles Pl；门票 含一杯饮品S$30；⏲周日至周二 18:00至次日2:00，周四至次日3:00，周三、周五和周六 至次日4:00；Ⓜ Raffles Place）

独家贴士

免费音乐会

如果你想要体验省钱的娱乐消遣，**滨海艺术中心**（☎6828 8377；www.esplanade.com；1 Esplanade Dr；⏲售票处 正午至20:30；Ⓜ Esplanade, City Hall）在周五、周六和周日19:00点左右有免费现场表演。新加坡交响乐团（见64页）每月在新加坡植物园有免费的演出。请在网上了解详细信息。

Wine Connection 葡萄酒吧

29 见50页地图，B2

爱喝酒的人们非常喜欢罗伯逊码头这家经营已久的葡萄酒商店和酒吧。该团队与世界各地的酿酒师紧密合作，这意味着没有中介。这里有趣味横生的酒单和实惠的价格：每杯S$7起，每瓶低至$30。食物包括不错的沙拉和开口三明治，更不用说来自隔壁Cheese Bar的顶级奶酪了。（6235 5466；www.wineconnection.com.sg；01-19/20 Robertson Walk，11 Unity St；周一至周四 11:30至次日1:00，周五和周六 至次日2:00，周日 至23:00；；54路，64路，123路，139路，143路，186路）

娱乐

新加坡交响乐团 古典音乐

30 见50页地图，F3

这个拥有1800个座位的最先进的音乐厅，位于滨海艺术中心，是受人推崇的管弦乐队的所在地，同时也为维多利亚剧院和音乐厅增色不少。它每周至少有一次演出；登录网站或前往**SISTIC**（6348 5555；www.sistic.com.sg；Level 4 Concierge，ION Orchard，2 Orchard Turn；Orchard）了解详细信息和提前订票。学生和老人（55岁以上）享有折扣；6岁以下儿童禁止进入。（Singapore Symphony Orchestra；6602 4245；www.sso.org.sg；Esplanade – Theatres on the Bay，1 Esplanade Dr；售票处 正午至20:30；Esplanade，City Hall）

Timbrè @ The Substation 现场音乐

31 见50页地图，D2

年轻人很乐意在这个非常受欢迎的现场音乐表演场地排队等候，这里每天都会有当地乐队和创作歌手的演出，从流行音乐到摇滚、民谣。饥饿的顾客可以享用一些汤、沙拉、小吃和油炸食品，比如布法罗鸡翅和松露薯条。（6338 8030；www.timbre.com.sg；45 Armenian St；购买饮品免费入场；周日至周四 18:00至次日1:00，周五和周六 至次日2:00；City Hall）

新加坡中国交响乐团 古典音乐

32 见50页地图，D5

新加坡中国交响乐团使用柳琴、阮和三弦等传统乐器，全年为听众举办中国古典音乐会。音乐会在城市中的各种场所举行，偶尔也会与一些爵士乐音乐家合作。（Singapore Chinese Orchestra；6557 4034；www.sco.com.sg；Singapore Conference Hall，7 Shenton Way；周一至周五 8:30~18:00；Tanjong Pagar）

新加坡专业剧场 剧院

33 见50页地图，B3

新加坡专业剧场总部设在KC艺术中心，但也在其他场馆演出，制作现代新加坡戏剧。该公司Park系列的年度莎士比亚作品曾在福康宁公园（见52页）以迷人的魅力吸引了人们的眼球。登录网站查询即将上演的作品。（Singapore Repertory Theatre；6221 5585；www.srt.com.sg；KC

Arts Centre, 20 Merbau Rd; 🚌54路, 64路, 123路, 139路, 143路, 186路, Ⓜ Clarke Quay)

购物

Kapok
礼品和纪念品

34 🔒 见50页地图, E1

位于国家设计中心(National Design Centre)内, Kapok展示了来自新加坡和其他国家的设计精美的产品。用当地的珠宝来装饰你的世界吧, 这里的产品包括Myrrh、Code Deco的手工香水, 以及HyperGrand的手表。进口商品包括意大利的无缝钱包、法国的T恤衫和北欧的快递袋等。购物之后, 你可以在那里的咖啡馆补充能量。(☎6339 7987; www.kapok.com; 01-05, National Design Centre, 111 Middle Rd; ⏲11:00~21:00; Ⓜ Bugis)

Raffles Hotel Arcade
商场

作为酒店综合设施的一部分, Raffles Hotel Arcade(5◎见50页地图, E2)是几家著名的零售商铺的所在地。在**莱佛士酒店礼品店**(Raffles Hotel Gift Shop; ☎6337 1886; www.raffleshotelgifts.com; 01-01/03, Raffles Hotel Arcade, 1 Beach Rd; ⏲8:30~21:00; Ⓜ City Hall), 你可以找到优质的、价格实惠的纪念品(老式的酒店海报是不错的选择); 在**Chan Hampe**(☎6338 1962; www.chanhampegalleries.com; 01-2/021, Raffles Hotel Arcade, 328 North Bridge Rd; 免费入场; ⏲周二至周日 11:00~19:00; Ⓜ City Hall), 你可以买到出自新兴人才之手的艺术品。就

ANDREW WATSON/GETTY IMAGES ©

滨海湾金沙购物中心(见67页)

算你买不起那里的相机, 也可以去**Leica**(☎6336 9555; www.leica-store.sg; 01-18, Raffles Hotel Arcade, 328 North Bridge Rd; ⏲10:00~20:00; Ⓜ City Hall)看看, 那里通常有一个免费、优质的摄影展览。(www.raffles.com; 328 North Bridge Rd; Ⓜ City Hall)

Naiise
礼品和纪念品

35 🔒 见50页地图, C3

你在寻找新加坡独特而又令人振奋的纪念品吗? 那就把这个清新的设计师天堂放在你的名单上吧。这里有搞笑的明信片、有趣的当地食物、糖果形状的靠垫, 甚至还有椰浆饭茶, 以及漂亮的家庭用品和饰品。这些富有创造力的人们还会举办讲习班; 亲自试一试书法、装订图书或制

了解当地
建筑

尽管20世纪60年代和70年代新加坡的老建筑遭到大幅破坏，但这里仍旧存留了一些传统建筑的瑰宝。当地的现代建筑不断得到修复，引人注目。

殖民遗产

作为英属马来亚的行政总部，新加坡存留了大批的殖民时期建筑。其中欧式建筑占主导地位，包括新古典主义的市政厅、浮尔顿大厦（Fullerton Building）和新加坡国家博物馆，以及帕拉迪奥风格的Empress Building——现在是亚洲文明博物馆的所在地。尽管也有许多其他建筑采用了这些风格，但它们经常需要整修，以更好地适应热带气候，比如圣安德烈大教堂的停车门廊（carriage porch）和前圣约瑟夫学院（新加坡艺术博物馆目前的所在地）的门廊。

店屋

新加坡窄口的店屋是其最独特和迷人的建筑标签之一。从传统意义上来说，这些店屋的一层是商铺，二层是住宅，其历史可以追溯至19世纪40年代到20世纪60年代，这些相邻的建筑大致有六种风格。真正吸引眼球的要属那些所谓的"后店屋风格（Late Shophouse Style）"的建筑，它们的外墙装饰得非常细致，通常包括色彩鲜艳的墙砖、灰泥粉饰、柱头和精心设计的窗户。加东的Koon Seng Rd有许多类似的建筑。

今日新加坡

美籍华人贝聿铭（IM Pei）是标志性的野兽派摩天大楼OCBC Centre、银色的Raffles City，以及尖利的Gateway双子塔的设计者。英国的诺曼·福斯特爵士（Sir Norman Foster）设计了UFO般的Expo MRT地铁站和最高法院（Supreme Court），以及新建的South Beach多用途开发区（位于莱佛士酒店对面），它的两个弯曲的塔楼上有许多植物茂盛的空中花园。由当地的Woha工作室设计的Parkroyal on Pickering酒店以引人注目的空中花园为特色，而以色列裔的摩西·萨夫迪（Moshe Safdie）设计的滨海湾金沙则以其打破纪录的340米长的悬臂式空中花园而闻名。

作灯具。(☎6702 3248; www.naiise.com; 02-23, Central, 6 Eu Tong Sen St; ⏲11:00~22:00; Ⓜ Clarke Quay)

滨海湾金沙购物中心 商场

从Miu Miu的高跟鞋到Prada连衣裙，再到Boggi Milano的夹克衫，这个位于滨海湾金沙(7 见50页地图，G5)的庞大商场，是一个刷爆你信用卡的好地方。尽管它是新加坡最大的奢侈品商场之一，但顾客数量相对较少——如果你不喜欢乌节路的喧嚣，那来这里正合适。世界上第一个漂浮的Louis Vuitton专卖店也在这里，就在滨海湾。(Shoppes at Marina Bay Sands; ☎6688 6888; www.marinabaysands.com; 10 Bayfront Ave; ⏲周日至周四10:30~23:00，周五和周六 至23:30; 📶; Ⓜ Bayfront)

莱佛士城 商场

36 见50页地图，E2

在门廊环绕的莱佛士城中，有一个三层的、时尚的分支机构，那里有Robinsons百货商店和一系列时尚的箱包零售商，其中包括Coach、Tumi和Kate Spade。你可以在三层找到儿童精品店。如果想要购买亚洲和西方艺术家的高端艺术品，可以前往**Ode to Art** (☎6250 1901; www.odetoart.com; 01-36, Raffles City, 252 North Bridge Rd; ⏲11:00~21:00; Ⓜ City Hall)画廊。饿了吗？那就去很棒的地下美食广场吧。(Raffles City; ☎6318 0238; www.rafflescity.com.sg; 252 North Bridge Rd; ⏲10:00~22:00; 📶; Ⓜ City Hall)

Redundant Shop 礼品和纪念品

37 见50页地图，G2

位于政府组屋(HDB)房产中，这里对于新加坡设计爱好者来说，是一个不错的落脚点，搬到市中心的Millenia Mall之后，更是大获成功。Holland's Secrid有漂亮的皮革钱包，Swedish Happy Socks有非常抢镜的袜子，New Zealand's Triumph & Disaster有老派的男装，Massachusetts' Steele Canvas有适合各种天气的大手提袋。(www.theredundantshop.com; 01-71/72, Millenia Walk, 9 Raffles Blvd; ⏲11:00~21:00; Ⓜ Promenade, Esplanade)

Cathay Photo 电子产品

38 见50页地图，D2

所有喜欢电子产品（以及想要购买电子产品）的人们都会在储货量丰富的Cathay Photo选购。马路对面的**半岛购物中心**(Peninsula Shopping Centre)有几家不错的二手相机商店。(☎6337 4274; www.cathayphoto.com.sg; 01-11, Peninsula Plaza, North Bridge Rd; ⏲周一至周六10:00~19:00; Ⓜ City Hall)

探索

乌节路

如果购物是新加坡的国家运动，那么，乌节路就是奥运会规模的训练场地。尘土飞扬的道路两旁曾经布满了香料种植园和果园，如今却成了商场、百货商店和专卖店的聚集地，足以让最狂热的购物者们筋疲力尽。但是这里远不止这些，令人垂涎欲滴的美食广场和一条被列入文化遗产的、酒吧遍布的小巷也同样耀眼。

一日游行程

先在**Kith Café**（见76页）或复古的**Killiney Kopitiam**（见75页）吃早餐，然后到乌节路购物。如果想要购买当地品牌，可以到**Hansel**（见80页）、Sects和i.t，后面的两个品牌位于**Orchardgateway**（见79页）里面。如果想要购买书籍，可以到**Ngee Ann City**（见80页）里面的纪伊国屋书店，然后前往未来主义的**ION Orchard Mall**（见78页）。在乌节路的尽头，可以快速地逛一逛**Antiques of the Orient**（见79页），购买一些印刷品。

在**Paradise Dynasty**（见74页）细细品尝小笼包（汤包）或者在**Tambuah Mas**（见74页）的正宗印度尼西亚餐厅大快朵颐。你还可以品尝**L' Espresso**（见77页）的茶点。如果你的购物之旅不够尽兴，可以前往**Paragon**（见79页）。如果不想购物，可以在**Tomi Foot Reflexology**（见72页）或（需要提前预订的）**Remède Spa**（见72页）做一些身体护理。

17:00之后，在**Bar on 5**（见78页）用打折的马提尼酒庆祝一下美好的生活，在**Bar Canary**（见77页）放松一下，或者在翡翠山路（Emerald Hill Rd）的传统建筑之间喝上一杯。如果你没有在**Iggy' s**（见73页）或**Buona Terra**（见73页）预订正餐，可以在日本创意餐厅**Kilo Orchard**（见75页）或香港饺子馆**Tim Ho Wan**（见74页）用餐。

新加坡最佳

购物

ION Orchard Mall（见78页）

Tanglin Shopping Centre（见79页）

Paragon（见79页）

Sects Shop（见79页）

就餐

Iggy' s（见73页）

Buona Terra（见73页）

Gordon Grill（见74页）

Paradise Dynasty（见74页）

饮品

Manhattan（见76页）

L' Espresso（见77页）

到达和离开

M 新加坡地铁 乌节路有三个以上的地铁站：Orchard（红色线路）、Somerset（红色线路）和Dhoby Ghaut（红色、紫色和黄色线路）。前往这里根本无须其他交通方式。

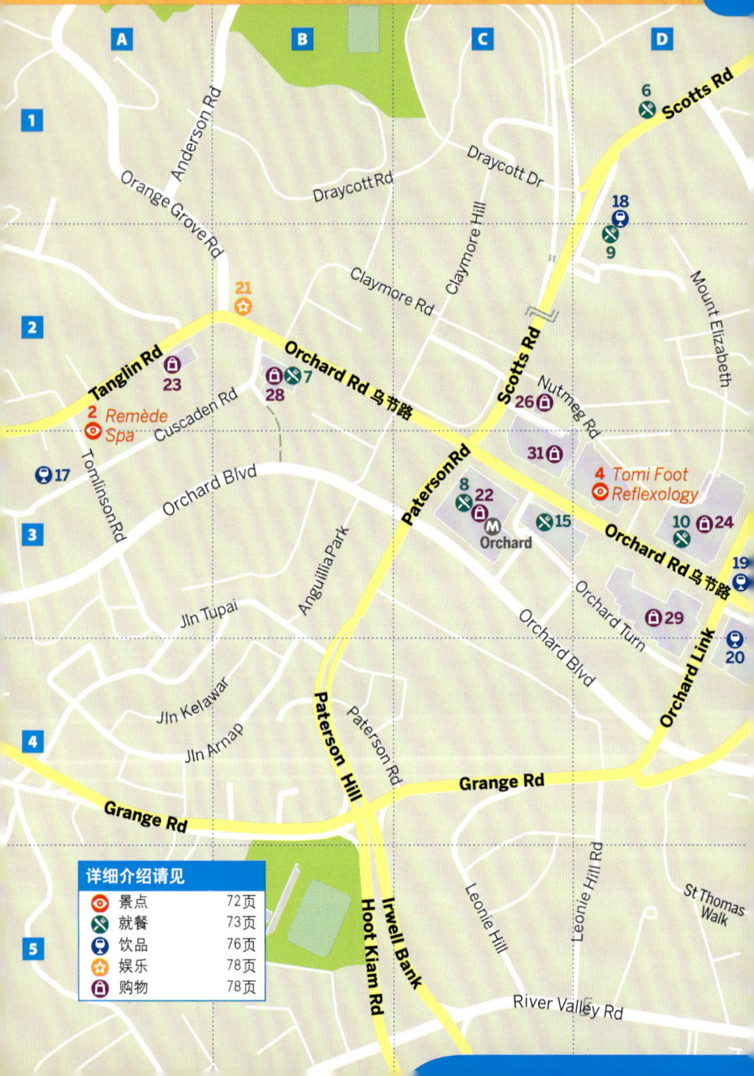

详细介绍请见

景点	72页
就餐	73页
饮品	76页
娱乐	78页
购物	78页

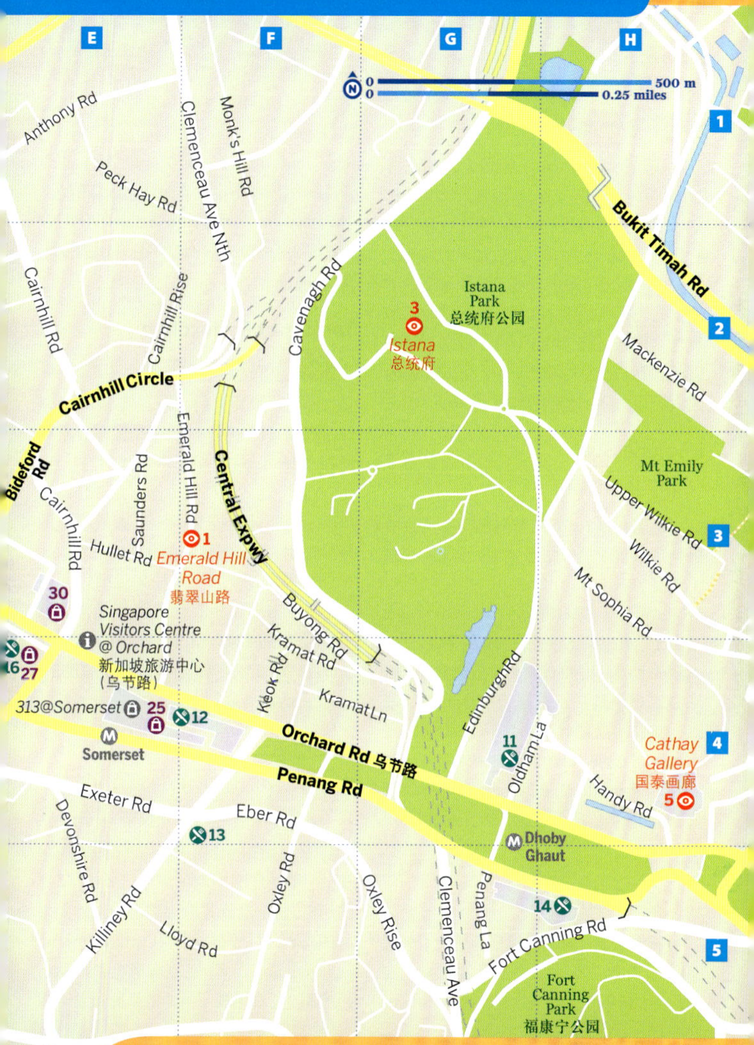
E
F
G
H
1
2
3
4
5
0
0
500 m
0.25 miles
Anthony Rd
Peck Hay Rd
Clemenceau Ave Nth
Monk's Hill Rd
Cairnhill Rd
Cairnhill Rise
Cairnhill Circle
Bideford Rd
Cavenagh Rd
Istana Park
总统府公园
3
Istana
总统府
Bukit Timah Rd
Mackenzie Rd
Mt Emily Park
Upper Wilkie Rd
Wilkie Rd
Mt Sophia Rd
Emerald Hill Rd
Central Expwy
Saunders Rd
Hullet Rd
1
Emerald Hill Road
翡翠山路
30
Singapore Visitors Centre @ Orchard
新加坡旅游中心
(乌节路)
16
27
Buyong Rd
Kramat Rd
Keok Rd
Kramat Ln
313@Somerset
25
12
Somerset
Orchard Rd 乌节路
Penang Rd
Edinburgh Rd
11
Oldham La
Cathay Gallery
国泰画廊
Handy Rd
5
Exeter Rd
Eber Rd
13
Devonshire Rd
Oxley Rd
Oxley Rise
Dhoby Ghaut
Clemenceau Ave
Penang La
14
Fort Canning Rd
Killiney Rd
Lloyd Rd
Fort Canning Park
福康宁公园

景点

翡翠山路

建筑

1 见70页地图，F3

从购物之旅中抽身，沿着翡翠山路漫步，轻嗅鸡蛋花的芬芳。新加坡最精美的几座店屋为这里增添了美感。特别值得一提的是56号（建于1902年，此处最早的建筑之一）、39~45号（大多有宽门脸和宏伟的中式大门），以及120~130号（具有装饰艺术特色，可以追溯至1925年前后）。乌节路的山尽头有一些热门酒吧，位于经过翻新的迷人店屋内。（Emerald Hill Rd；Ⓜ Somerset）

Remède Spa

水疗

2 见70页地图，A2

St Regis Hotel的室内水疗提供全城最佳的按摩服务，也是佩迪：摩尼：治愈工作室（Pedi:Mani:Cure Studio）的所在地，后者是著名修脚师Bastien Gonzalez开办的。Remède的水疗休息室是一个大理石仙境，里面有蒸汽室、桑拿室、冰泉和水疗浴缸——是进行按摩的最佳地点，如1.5小时的暖玉石按摩（S$290）。（☎6506 6896；www.remedespasingapore.com；St Regis Hotel，29 Tanglin Rd；1小时按摩S$180起；⏲9:00至午夜；Ⓜ Orchard）

总统府

宫殿

3 见70页地图，G2

新加坡新古典主义风格的总统府外观呈白色，非常广阔，占地16公顷，是英国人在1867~1869年作为政府大厦（Government House）建造的。每年对游客开放五次，时间分别是劳动节（5月1日）、国庆节（8月7日）之前的一天、中国新年（1月或2月）、排灯节（Diwali；10月或11月）和开斋节（Hari Raya Puasa或Eid-ul Fitr，这个节日标志着斋月结束；日期不定）。登录网站确认信息。（Istana；www.istana.gov.sg；Orchard Rd；庭院/宫殿 S$2/4；⏲8:30~18:00，只在开放日开放；Ⓜ Dhoby Ghaut）

Tomi Foot Reflexology

按摩

4 见70页地图，D3

是的，照片上的人就是英国歌手斯汀（Sting）——连他都知道这个简朴的按摩场所，这家按摩店就坐落在20世纪70年代复古风格的幸运广场（Lucky Plaza）里。来这里体验一下城里最好的按摩，为你按摩的是一个身穿粉红色polo衫的按摩师团队。按摩种类包括针压按摩和指压按摩，所有疗法都备受顾客认可。（☎6736 4249；01-94 Lucky Plaza，304 Orchard Rd；30分钟的足疗 S$30；⏲10:00~22:00；Ⓜ Orchard）

国泰画廊

博物馆

5 见70页地图，H4

位于新加坡第一座高楼里，这座袖珍的银幕博物馆受到了电影和怀旧迷的追捧。这里的展览追溯了洛克（Loke）家族的历史，这个家族是新加坡电影制作和发行的先驱，也是国泰机构（Cathay Organisation）的创建者。亮点有老电影海报、摄影机，以及体现了当地电影院黄金时代

翡翠山路五颜六色的店屋

的排期单。(Cathay Gallery; www.thecathaygallery.com.sg; 02-16 The Cathay, 2 Handy Rd; 免费入场; ⏲周一至周六 11:00~19:00; Ⓜ Dhoby Ghaut)

就餐

Buona Terra 意大利菜 $$$

6 见70页地图, D1

这个温馨的、铺着亚麻桌布的意大利餐馆是新加坡鲜为人知的宝地之一。在厨房里工作的是年轻的伦巴族厨师Denis Lucchi,他把不同寻常的食材变成了精致的现代菜肴,比如烤鸭肝配水煮蜜桃、意式杏仁脆饼和Vin Santo冰激凌。Lucchi的得力助手是Emilian sommelier Gabriele Rizzardi,他的酒单虽然昂贵,但非常独特。(☎6733 0209; www.buonaterra.com.sg; 29 Scotts Rd; 3道菜午餐套餐 S$38, 3/4/5道菜晚餐 S$88/108/128; ⏲周一至周五 正午至14:30和18:30~22:30, 周六 18:30~22:30; 📶; Ⓜ Newton)

Iggy's 创意菜 $$$

7 见70页地图, B2

Iggy's昏暗、诡秘的设计颇具特色,而主厨Masahiro Isono则会为你烹饪出迷人而诗情画意般的创意菜肴。餐单会根据季节做出调整,但色香味俱全的意大利细粉搭配对虾(sakura ebi)、海藻(konbu)和贝类油则是全年供应。最受欢迎的非葡萄酒莫属,这里的葡萄酒是城市里最好的。[☎6732 2234; www.iggys.com.sg; Level 3, Hilton Hotel, 581 Orchard Rd; 3道菜午餐 S$85~150, 晚餐套餐 S$195~275; ⏰周一、周二和周四至周六 正午至13:30(最后入场时间)和19:00~21:30(最后入场时间); ✍; Ⓜ Orchard]

乐天王朝

中国菜 $$

8 见70页地图, C3

打扮端庄的职员戴着耳机，把你领进这家温馨的小笼包店。透过玻璃厨房，可以看到中国大厨们在那里拉面、蒸馒头。略过口味新奇、五颜六色的小笼包，点原味就好，不少人认为乐天的小笼包和鼎泰丰相比有过之而无不及。除小笼包之外，这里还有黄油红烧肉拉面。(Paradise Dynasty; www.paradisegroup.com.sg; 04-12A ION Orchard, 2 Orchard Turn; 菜肴 S$4~25; ⏰周一至周五 11:00~22:00, 周六和周日10:30开始营业; Ⓜ Orchard)

Gordon Grill

各国风味 $$$

9 见70页地图, D2

Gordon Grill位于一座殖民时代的酒店里面，这里装潢古朴，铺着清爽的桌布，供应久负盛名的牛排，与超现代的乌节路形成了鲜明的对比。在这里，你一定会获得难忘的就餐体验。这里也许是新加坡品尝神户牛肉的最佳地点，这种牛肉按照重量出售，在你的餐桌旁切割，根据你的要求烹饪。

周末的烧烤午餐特别受欢迎，因此需要提前预订。(☎6730 1744; www.goodwoodparkhotel.com; Goodwood Park Hotel, 22 Scotts Rd; 主菜 S$44~62; ⏰正午至14:30和19:00~22:30; Ⓜ Orchard)

Tambuah Mas

印度尼西亚菜 $$

10 见70页地图, D3

Tambuah Mas隐藏在Paragon的食品包装地下室的角落里，印度尼西亚的侨民可以在这里品尝家乡菜。餐厅明亮、现代，是乌节路性价比很高的选择，引以为傲的食物是巴东牛肉(rendang)——可能是新加坡最好的牛肉。这里不能预订，因此，如果想要周四至周六前来用餐的话，需要早点来。(☎6733 2220; www.tambuahmas.com.sg; B1-44 Paragon, 290 Orchard Rd; 主菜 S$7.50~29; ⏰11:00~22:00; 📶; Ⓜ Orchard)

添好运点心专门店

港式点心 $$

11 见70页地图, G4

香港的米其林星级点心店在新加坡也很受欢迎，就像在旺角(Mong Kok)的店铺一样，门口总是大排长龙(20:30之后前来)。尽管有挑剔的老饕认为这里的口味比不上香港总店(新加坡的分店需要进口很多原料)，但其实味道依旧不错，价格也十分公道，叉烧包和虾饺不可错过。(Tim Ho Wan; ☎6251 2000; www.timhowan.com; 01-29 Plaza Singapura, 68 Orchard Rd; 菜肴 S$3.80起; ⏰周一至周五 10:00~22:00, 周六和周日 9:00~22:00; Ⓜ Dhoby Ghaut)

了解当地

黑白屋

这些独特的黑白平房通常出现在新加坡葱郁、茂密的角落，向人们提醒着新加坡的殖民历史。这些豪宅通常是19世纪末到“二战”期间，由富有的种植园主建造的，它们保留了那些逝去岁月的特征和魅力。房屋的设计深受工艺美术运动的影响。这场运动起源于19世纪60年代的英格兰，它重新赋予工艺技术以价值，是对英格兰快速工业化的反击。

在新加坡，曾经有一万所这样漂亮的房屋，但战后被人们遗弃之后，大约只有500所被保留下来。现在，这些建筑大都归政府所有，被视为国家的纪念物；不过，也有些被出租给家庭和企业。由于有大大的花园和通风的房间（在空间有限的新加坡很难找到），这些房屋依然深受外国移居者的喜爱，但租金昂贵，而且两年起租。

一些黑白屋偶尔也会面向公众开放，进入房屋参观的最简单的方式是参加Geraldene Lowe-Ismail（www.geraldenestours.com）的团队游，他们精彩的故事能把你带回殖民时代的新加坡。此外，许多餐馆都把这些房产称为“家”——你可以在Scotts Rd找到几所。如果你想品尝一顿华丽的意大利晚餐，可以选择Buona Terra（见73页）。

Kilo Orchard 创意菜 $$

12 见70页地图，F4

这家工业风格的热门就餐地点隐藏在拥有多家商店的零售场所PACT内，为乌节路饥肠辘辘的购物者们准备了顶级的日本创意菜。如果你来这里吃午餐，干脆无视菜单，直接选择一份五花肉搭配糙米饭。饥肠辘辘的食客可以点一份Smashburger大快朵颐。晚餐绝对不要错过烤猪排，肉和骨头完全分离，非常酥软。（☎6884 7560；www.kilokitchen.com；02-16/18 Orchard Central, 181 Orchard Rd；主菜 S$16~33；⏰周一至周六 11:30~15:00和17:30~22:00，周日11:00~18:00；Ⓜ Somerset）

Killiney Kopitiam 咖啡馆 $

13 见70页地图，F4

在这家老咖啡馆以古老的方式开始新的一天，听几个蹩脚但有趣的笑话。点一份浓咖啡（kopi）、一份椰浆面包和一个半熟的煮鸡蛋。把鸡蛋打开后，加入少许酱油和胡椒，然后把你的椰浆面包蘸着鸡蛋食用。（☎6734 3910；www.killiney-kopitiam.com；67 Killiney Rd；菜肴 S$0.90~6.90；⏰周一和周三至周六 6:00~23:00，周二和周日 至18:00；Ⓜ Somerset）

Kith Café

咖啡馆 $$

14 见70页地图，H5

Kith有数层楼，开放时间比其他咖啡店都早。配置了免费的Wi-Fi和空调，咖啡也很棒（还有豆浆），食物既新鲜又可口。全天早餐十分丰富，从令人精力充沛的牛奶什锦到各种蛋类食品都有，而沙拉和三明治也使人胃口大开。（6338 8611；http://kith.com.sg；01-01 Park Mall，9 Penang Rd；菜肴 S$7~24；周二至周日 8:00~22:00；；M Dhoby Ghaut）

当地生活

美食广场的味道

在乌节路大多数商场的地下，你都会发现一个美食广场，那里一个摊位接着一个摊位，销售便宜、新鲜的各国风味菜肴。其中最好的一个就是时尚的**Takashimaya Food Village**（65-6506 0458；www.takashimaya.com.sg；B2 Takashimaya Department Store，Ngee Ann City，391 Orchard Rd；菜肴 S$4~17；10:00~21:30；M Orchard），其供应日本、韩国和其他亚洲风味的经典菜肴。你可以寻找一下笋糕（soon kueh；用竹笋、bangkwang、蘑菇干、胡萝卜和虾干制作的蒸饺），也不要错过Tsuru-koshi摊位香气四溢的面条。

Food Republic

美食广场 $

15 见70页地图，C3

这个舒适的美食广场装有空调，供应街头食品。如果想要品尝日本、韩国、泰国、印度、印度尼西亚以及新加坡等国的菜肴，那就加入长长的队伍，等座位吧。（6737 9881；www.foodrepublic.com.sg；Level 4，Wisma Atria，435 Orchard Rd；菜肴 S$4~15；10:00~22:00；；M Orchard）

Wild Honey

咖啡馆 $$

16 见70页地图，E4

带有工业风格的窗户、水泥地板和豪华的设计师家具，Wild Honey让人感觉清新和现代。这里全天供应各国风味的美味早餐，从挪威烟熏鲑鱼到突尼斯五香莎苏卡（shakshuka）。其他的选择包括：牛奶什锦早餐、美味的三明治和清香的烤咖啡。周末人满为患，如果想要周末前来，要提前一天预订。（6235 3900；www.wildhoney.com.sg；03-02 Mandarin Gallery，333A Orchard Rd；菜肴 S$12~35；周日至周四 9:00~21:30，周五和周六 至22:30；；M Somerset）

饮品

Manhattan

酒吧

17 见70页地图，A3

在这个时髦的“广告狂人”风格的酒吧喝上一杯，你就会感觉时光倒流，仿佛回到了黄金时代。在这里，早已被人

PETER HORREE/ALAMY ©

在Food Republic用餐

们遗忘的鸡尾酒又活灵活现地出现在人们面前。这里根据纽约的街区进行了分类，亮点包括木质的“八个病房”和有趣的“票房大片”（有爆米花供应）。（☎6725 3377; www.regenthotels.com/en/Singapore; Level 2, Regent, 1 Cuscaden Rd; ⏲17:00至次日1:00，周日鸡尾酒早午餐 11:30~15:30; Ⓜ Orchard）

L' Espresso 休闲酒吧

18 见70页地图，D1

这个明亮而清新的大堂酒吧供应“茶水”。泳池边的露台是你在乌节路购物一天后，停留休息的绝佳地点。奶油色的餐具非常精致，员工衣着讲究，食物也很美味。你可以坐在一张皮椅上，慢慢品茶，并且看一看最后你是否能够抵挡得住这里的自助餐的诱惑。（☎6730 1743; www.goodwoodparkhotel.com; Goodwood Park Hotel, 22 Scotts Rd; 下午茶点 成人/儿童 周一至周四 S$45/22.50，周五至周日 S$48/24; ⏲10:00至午夜，下午茶点 周一至周四 14:00~17:30，周五至周日 正午至14:30和15:00~17:30; 📶; Ⓜ Orchard）

Bar Canary 酒吧

19 见70页地图，D3

黄色的豆袋椅，人造草坪，喧闹的交通和歌唱的小鸟——户外酒吧Bar Canary就位于热闹的乌节路上方，地理位置优越，是一个夜晚品尝美酒的好地方。周三晚上的“女孩之夜”需要至少提

当地生活

翡翠山路

翡翠山路的众多酒吧都坐落在土生华人百年老店的店铺里，很受下班后人群的欢迎。位居榜首的是霓虹灯闪烁的Ice Cold Beer（☎6735 9929；www.ice-cold-beer.com；9 Emerald Hill Rd；⏲周日至周四 17:00至次日2:00，周五和周六 至次日3:00；Ⓜ Somerset），一个喧闹、疯狂的潜水酒吧，有飞镖盘和台球桌，墙上挂着搞笑、隐晦的美女照片。这是一个非常自在的地方，未满20岁也可以在此尽情摇摆。欢乐时光是17:00~21:00，周五晚上人特别多。

前一周预订——S$50，外加税费，19:00~21:00有免费的香槟、特选葡萄酒、烈酒和具有代表性的鸡尾酒供应（每人 S$100）。（☎6603 8855；www.parkhotelgroup.com/orchard；Park Hotel Orchard，270 Orchard Rd，入口在Bideford Rd；⏲周日至周四 正午至次日1:00，周五和周六 至次日2:00；Wi-Fi；Ⓜ Somerset）

Bar on 5 酒吧

20 见70页地图，D4

这家漂亮的酒店酒吧拥有城里最划算的“欢乐时光”：丝滑、精心制作的马提尼酒不到S$10一瓶。纯粹主义者无须选择菜单上的口味，直接点一杯经典口味就可以了。特价酒17:00~21:00供应，那时会有许多中层管理人员前来。这里播放的音乐从阿巴乐队（ABBA）的到蕾哈娜（Rihanna）的，不拘一格。（☎6831 6286；www.bar-on-5.com.sg；Level 5，Mandarin Orchard，333 Orchard Rd；⏲周日至周四 11:00至次日1:00，周五和周六 至次日2:00；Ⓜ Somerset）

娱乐

TAB 现场音乐

21 见70页地图，B2

TAB经过整修后，外观更加漂亮，每晚都有“Club SONAR”，为人们提供来自亚洲各地的DJ俱乐部或现场音乐表演。此外，该场地每月还会举办一两次售票的音乐会，表演者中既有知名人士，也有崭露头角的人才。（☎6493 6952；www.tab.com.sg；02-29 Orchard Hotel，442 Orchard Rd；⏲Club SONAR 周日至周四 9:30至次日5:30，周五和周六 至次日6:00；Ⓜ Orchard）

购物

ION Orchard Mall 商场

22 见70页地图，C3

就位于乌节路地铁站的上方，未来主义的ION是乌节路商场中的佼佼者。地下层主要销售Zara和优衣库（Uniqlo）等大众品牌，而上层楼则销售*Vogue*等读物。就餐选择从美食广场到精致的小吃应有尽有，它旁边的56层高楼上还有一个屋顶观景廊——**ION Sky**（☎6238 8228；Level 56，ION Orchard，2 Orchard Turn；免费入场；⏲15:00~18:00，最后入场时间17:30）。（www.ionorchard.com；430 Orchard Rd；⏲10:00~22:00；Ⓜ Orchard）

Tanglin Shopping Centre

商场

23 见70页地图，A2

这家复古的商场专门经营亚洲艺术品，是购买优质地毯、雕刻品、饰品、珠宝、绘画、家具等的好地方。最吸引人的要属**Antiques of the Orient**（☎6734 9351；www.aoto.com.sg；⏲周一至周六 10:00~17:30，周日 11:00~15:30；Ⓜ Orchard），这里有原版和复制的印刷品、照片，以及新加坡和亚洲地图。由英国殖民艺术家威廉·法夸尔（William Farquhar）创作的色彩丰富的植物画特别漂亮。（☎6737 0849；www.tanglinsc.com；19 Tanglin Rd；⏲10:00~22:00；Ⓜ Orchard）

Paragon

商场

24 见70页地图，D3

即使你没有Black AmEx，也可以在乌节路购物中心的玛莎拉蒂（Maserati）装装样子。高端品牌包括Burberry、Prada、Jimmy Choo和Gucci。大众品牌包括Banana Republic和G-Star Raw。（☎6738 5535；www.paragon.com.sg；290 Orchard Rd；⏲10:00~21:00；📶；Ⓜ Somerset）

Orchardgateway

商场

25 见70页地图，E4

该商场位于乌节路两侧，既可以通过地下通道到达，也可以由地上人行道前往，非常便利。这里有许多前卫的时装店——**Sects Shop**（☎9889 2179；www.sectsshop.com；04-14 Orchardgateway，218 Orchard Rd；⏲周日至周五 11:00~22:00，周六 至22:30；Ⓜ Somerset）和**i.t**（☎6702 7186；www.itlabels.com.sg；B1-13 & 01-18 Orchardgateway，277 Orchard Rd；⏲11:00~21:30；Ⓜ Somerset）。上到四楼，那里有专门为有品位的男士量身定做的独特的时装和饰品。（☎6513 4633；www.orchardgateway.sg；277 & 218 Orchard Rd；⏲10:30~22:30；Ⓜ Somerset）

Pedder On Scotts

鞋

26 见70页地图，C2

即使你不想购买高端的高跟鞋和包包，Pedder On Scotts里极具创意、天马行空的产品也会让你感到非常兴奋。商店里只销售最优秀的设计师最独特的作品，并将它们展示在不同的"区域"中——一个比一个更有创意。饰品包括适合摆放在现代画廊中的展示珠宝。（☎6244 2883；www.pedderonscotts.com；Level 2，Scotts Sq，6 Scotts Rd；⏲10:00~22:00；Ⓜ Orchard）

Hansel
时装和饰品

27 见70页地图，E4

时尚的女性绝对不能错过Hansel，这里由设计师Jo Soh经营，专门售卖她设计的时尚、活泼、复古风格的作品。（6836 5367；www.ilovehansel.com；02-14 Mandarin Gallery，333A Orchard Rd；周一至周四 正午至20:00，周五和周六 至21:00；M Somerset）

Forum
商场

28 见70页地图，B2

宁静而充满阳光的Forum虽然没有著名的品牌，但销售更加独特的物品。财力雄厚、时尚前卫的女士们会在TriBeCa（Rachel Zoe和Anna Sui）货架之间流连，而时尚、儒雅的男士和穿着时髦的女孩们则会在**Club 21b**（6304 1455；www.club21global.com；周一至周六 10:00~20:00，周日 10:30~18:00）选购衣服和鞋子。一楼是一系列精品店，销售专门设计的儿童服装和优质玩具。（6732 2469；www.forumtheshoppingmall.com.sg；583 Orchard Rd；10:00~21:00；M Orchard）

> **了解当地**
>
> **泰国传统**
>
> 乌节路每一个可以利用的空间都挤满了购物商场，许多游客会问，为什么泰国大使馆会在这个地价昂贵的区域占据如此大而显著的位置？据报道，早在20世纪90年代，曾有人提出以1.39亿新加坡元的价格向泰国政府购买此地，但遭到拒绝，因为在1983年，国王朱拉隆功[King Chulalongkorn；拉玛五世（Rama V）]曾以9000新加坡元的价格购买了这片土地，贩卖这片土地被视为对他的不敬。时至今日，屡次受挫的开发商仍旧对此地不死心。

义安城
商场

29 见70页地图，D3

这个大理石和花岗岩建筑看起来阴森可怖，但其七层楼里销售的物品会让你眼花缭乱。除了国际奢侈品牌，还有书籍爱好者的**纪伊国屋书店**（Kinokuniya；6737 5021；www.kinokuniya.com.sg；周日至周五 10:00~21:30，周六 至22:00）和日本高档百货商场**Takashimaya**（6506 0458；www.takashimaya.com.sg；10:00~21:30），也是该地区最好的美食广场Takashimaya Food Village的所在地。（Ngee Ann City；6506 0461；www.ngeeanncity.com.sg；391 Orchard Rd；10:00~21:30，餐馆营业到23:00；M Somerset）

Robinsons
百货商店

30 见70页地图，E3

新加坡顶级百货商店的旗舰店销售前卫的时装，并把著名的Emporio Armani、Ted Baker和Marc Jacobs等时尚品牌与

ION Orchard Mall（见78页）

Brownbreath和Saturdays NYC等大众的行家品牌相结合。除了衣服和鞋子，你还可以找到海量的商品，从Shinola Detroit皮革制品到Balmain床上用品。（☎6735 8838; www.robinsons.com.sg; 260 Orchard Rd; ⏲10:30-22:00; Ⓜ Somerset）

Tangs

百货商店

31 见70页地图，C3

自70多年前开业以来，Tangs已经成为新加坡人所熟知的地点。这家五层的百货商店受到各个年龄段人群的欢迎，巨大的服装区销售商务套装、正式晚装和时尚休闲装，还有电子产品、鞋子和城里最好的一些家庭用品。（☎6737 5500; www.tangs.com; 320 Orchard Rd; ⏲周一至周六 10:30-21:30，周日 11:00-20:30; 📶; Ⓜ Orchard）

当地生活
中峇鲁

到达和离开

Ⓜ **新加坡地铁** 乘坐地铁至中峇鲁站（Tiong Bahru），沿Tiong Bahru Rd向东步行350米，右转至Kim Pong Rd，即可到达。

中峇鲁是新加坡独立而时尚的中心地带，你可以在这里度过周末的清晨。这个街区距离Raffles Place地铁站只有三站地，虽然建筑低矮，却云集了诸多精品店、书店、咖啡馆和面包房，因而值得一游。该地区是新加坡的第一个公共住宅区，街道两旁没有电梯但颇具装饰艺术风格的公寓，现在已成为这座城市最奇特的建筑景观。

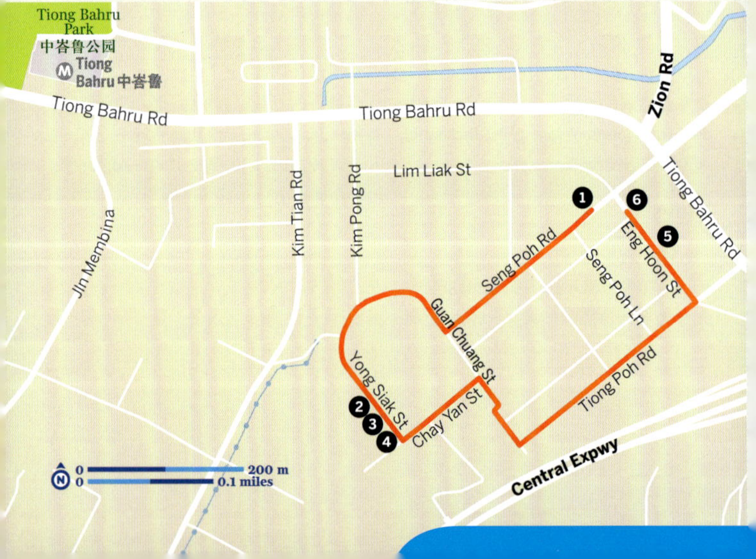

❶ 购物和美食中心

中峇鲁市场和美食中心（Tiong Bahru Market & Food Centre；83 Seng Poh Rd；菜肴S$3起；⏲8:00至深夜，独立摊位时间不定；ⓂTiong Bahru）秉承一贯的老派作风，街区保持了原貌，使用橙色色调装饰。这里的小贩中心是备受欢迎的**Jian Bo Shui Kueh**（水粿 S$2起；⏲7:00~21:00）的所在地，以其水粿（chwee kueh；蒸米糕搭配腌小萝卜）而闻名。

❷ BooksActually

藏书者的福音——**BooksActually**（☎6222 9195；www.booksactually.com；9 Yong Siak St；⏲周二至周六 10:00~20:00，周一和周日 至18:00；ⓂTiong Bahru）是新加坡最酷的独立书店，拥有大量小说和非小说类书籍，如果你想找有关新加坡的书籍，这里是不错的选择。再走三家店就可以到**Woods in the Books**（☎6222 9980；www.woodsinthebooks.sg；3 Yong Siak St；⏲周二至周六 11:00~20:00，周日 至18:00；ⓂTiong Bahru），摆售不少好看的童书。

❸ Strangelets

Strangelets（☎6222 1456；www.strangelets.sg；7 Yong Siak St；⏲周一至周五 11:00~20:00，周六和周日 10:00~20:00；ⓂTiong Bahru）是一个极具魅力的精品商店，货物包括当地造型奇特的珠宝、法国烛台、佛罗伦萨香皂、瑞典袜子、加利福尼亚袋子和帆布背包。尝一尝Popaganda纯天然的荔枝甜菜口味棒冰。

❹ Nana & Bird

向前继续走，途经几家商店，就到了**Nana & Bird**（☎9117 0430；http://shop.nanaandbird.com；1M Yong Siak St；⏲周一至周五 正午至19:00，周六和周日 11:00~19:00；ⓂTiong Bahru）。这是中峇鲁的一个主打品牌，销售前卫的时装、配饰和艺术品。你可以在这里找到一些令人意想不到的品牌，包括新加坡的Aijek和Ylin Lu，以及国际上的新兴品牌Kuwaii和Peggy Hartanto。

❺ Tiong Bahru Bakery

在Gontran Cherrier时尚而现代的**Tiong Bahru Bakery**（☎6220 3430；www.tiongbahrubakery.com；01-70, 56 Eng Hoon St；甜点 S$3~8，三明治 S$8起；⏲周日至周四 8:00~20:00，周五和周六 至22:00；ⓂTiong Bahru）品尝法式美味。完美的甜点包括黄油杏仁奶油蛋糕，而开胃菜则包括用最好的配料制作的、有益健康的三明治。招牌美味是Common Man Roasters的香醇咖啡。

❻ We Need a Hero

朋友，如果想要让自己焕然一新，那就坐在老式理发椅上，让**We Need a Hero**（☎6222 5590；www.weneedahero.sg；01-86, 57 Eng Hoon St；理发 S$45起，剃须 S$35起；⏲周一至周五 11:00~21:00，周六 10:00开始营业，周日 10:00~20:00；ⓂTiong Bahru）为你展示他们精湛的美发技术吧。这里提供从基本的剃须和理发到修护面膜和舒缓的按摩等各种基础服务。

探索

牛车水和中央商务区

这两个街区到处都是风格多样的建筑、丰富的餐馆和备受赞誉的酒吧。虽然没有必看的景点，但仅凭氛围就能赢得你的青睐。你可以在牛车水的湿巴刹、小贩中心和寺庙间遨游，也可以到中央商务区的一座摩天大楼顶上和经过改造的银行中参加派对。Tanjong Pagar 位于牛车水的南部，画廊、艺术风格的咖啡馆、鸡尾酒吧和传统商铺随处可见。

一日游行程

在老牌的**亚坤咖椰吐司**（见98页）吃早餐，然后在牛车水原貌馆（见86页）了解该地区的历史。当你沿着Pagoda St前往五颜六色的**马里安曼兴都庙**（Sri Mariamman Temple；见92页）时，为那些鸦片烟馆拍几张照片。在**Utterly Art**（见103页）购买一件当地艺术品。

在**麦士威路小贩中心**（见96页）找一张餐桌，品尝一下新加坡传奇的街头食品，然后在**佛牙寺龙华院**（见92页）的屋顶花园感受一丝宁静。前往**Tea Chapter**（见101页）寻找老派的茶点和小吃。你也可以在People's Park Complex（见94页）做一次便宜的按摩。

如果想要吃晚餐，可以选择热门餐馆**Burnt Ends**（见94页）入口即化的肉类，**Momma Kong's**（见94页）的杀手蟹，或者**Ding Dong**（见95页）的现代东南亚风味的菜肴。吃饱后，在新加坡的顶级鸡尾酒吧喝上一杯，结束美好的夜晚。**Operation Dagger**（见98页）、**Tippling Club**（见98页）和**Spiffy Dapper**（见99页）都是不错的选择，在**Potato Head Folk**（见98页）感受一下屋顶的微风也不错。

牛车水当地一天的生活，参见88页。

顶级景点

牛车水原貌馆（见86页）

当地生活

牛车水美食和寺庙（见88页）

新加坡最佳

博物馆

牛车水原貌馆（见86页）

峇峇住宅（见92页）

就餐

Burnt Ends（见94页）

Momma Kong's（见94页）

饮品

Operation Dagger（见98页）

Tippling Club（见98页）

到达和离开

新加坡地铁 从牛车水地铁站（紫色和蓝色线路）前往牛车水、Raffles Place（红色和绿色线路）或从中央商务区和Telok Ayer前往Amoy St和Club Street。Tanjong Pagar（绿色线路）和Outram Park（紫色和绿色线路）是前往Duxton Hill的最佳线路。

公共汽车 61路、145路和166路公共汽车从牛车水开往殖民区。

顶级景点

牛车水原貌馆

在牛车水原貌馆（Chinatown Heritage Centre），你可以了解到牛车水混乱、多彩和坎坷曲折的历史，领略这一区域的各种风貌，看到旧照片、人物逸事和重现的旧景。在这里待上一段时间，你会发现牛车水深受游客喜爱的街道变得更加迷人。

见90页地图，D2

6224 3928

www.chinatownheritagecentre.com.sg

48 Pagoda St

成人/13岁以下儿童 S$18/14

9:00~20:00，每月的第一个周一闭馆

Chinatown

不要错过

裁缝铺和住宅

回到老新加坡的旅程从底层开始，那里有重现的裁缝铺、工作坊，以及裁缝的家人和学徒居住的拥挤住宅。到20世纪50年代初，Pagoda St挤满了裁缝铺，这是一个特别逼真的复制品，再现了原来街区的面貌。

重建的小隔间

时间旅行在第一层继续。根据以前的居民的记忆和故事如实设计，一排小隔间将会带你一览那些鸦片成瘾的苦力、坚忍的三水（Samsui）妇女，甚至还有一个八口之家！这是一个非常具有冲击力的景象，生动地展现了当地居民在20世纪中期所经历的艰难而严酷的生活。在每个小隔间里，你都要睁大眼睛（不要担心，这都是假的）。

早期先锋展览

华丽的新顶楼正在邀请你加入中国移民抵达新加坡的危险旅程，带领你通过一系列的感官展示，体验随着中国移民而来的风俗、美食和对家庭关系的重视。许多新来的人成为赌博团伙和鸦片商的牺牲品；在这里你可以了解移民当初是如何失去理智和金钱的。你一定不会想去Sago Lane（死亡之路），那是一条阴郁的街道，能让你窥探到一个人生命终结时发生的故事。

☑ 独家贴士

- 如果你是一个历史爱好者，留出至少1.5小时去观看和体验所有的展品。
- 博物馆很小，最好一开门就进去，抢在人群前面。
- 让你的鼻孔保持警觉——你可能会闻到一些老牛车水的味道。

吃喝落脚点

如果你在开门营业之前到达，可以在**南洋老咖啡**（Nanyang Old Coffee; ☎6100 3450; www.nanyangoldcoffee.com; 268 South Bridge Rd; 面包套餐 S$4.30，咖啡 S$1.50起; ⏲7:00~18:00; Ⓜ Chinatown）加入当地人的队伍，品尝一下传统的早餐套餐椰浆面包、溏心蛋和浓咖啡。

如果想要品尝美味的当地食物，可以到牛车水大厦（Chinatown Complex），一个迷宫般的小贩中心。Lian He Ben Ji Claypot Rice（见96页）的煲仔饭非常值得等待。

当地生活
牛车水美食和寺庙

由于过去是鸦片烟馆、死囚监狱和妓院的聚集地，现在的牛车水似乎不如往日那么引人注目。实际上除了满是宝塔、寺庙和丁加奴风格的街道的旅游路线之外，这里还有一个非常引人入胜的街区，有几代人生活在这里，街区内有喧闹的市场摊位、复古的咖啡店和历史悠久的寺庙。

❶ 牛车水湿巴刹

著名的**牛车水湿巴刹**（Chinatown Wet Market；11 New Bridge Rd；⏲5:00至正午；Ⓜ Chinatown）位于牛车水大厦（Chinatown Complex）的地下室，那里有许多买菜的阿姨。最好清晨前去，那样你还可以饱览令人兴奋的新鲜海鲜、异域水果和蔬菜，以及由中国香料和腌制食品组成的视觉盛宴。

❷ 长城粥品中心

长城粥品中心(Tiong Shian Porridge Centre; ☎6222 3911; 265 New Bridge Rd; 粥 S$3.50~8; ⏲24小时; ⓂChinatown)这个老派的咖啡店一定能勾起你的食欲:找一个塑料椅子坐下,周围的老伯伯们正大口大口地把美味的粥塞进嘴里。最受欢迎的粥品有皮蛋瘦肉粥和特制砂锅蛙腿粥。每碗粥都是现场制作的。

❸ 大中国

在**大中国**(Chop Tai Chong Kok; ☎6227 5701; www.taichongkok.com; 34 Sago St; 甜点 S$1起; ⏲周一 9:30~18:00, 周二至周日至20:00; ⓂChinatown)吃一些甜点,这家超级传统的甜品店自1938年就开始经营。如果你还没选好吃什么,可以选择莲蓉月饼。Sago St这条街曾以它的西米工厂和妓院而闻名,现在则销售烤肉、陶器等各种物品。

❹ Ann Siang Road & Club Street

新潮的Ann Siang Road以其经过修复的传统露台和时尚的餐馆、酒吧以及精品店而闻名,你可以快速地游览。建筑爱好者将欣赏到位于第15号、17号和21号的装饰艺术建筑。你可以沿着这条街和与它相邻的Club Street漫步,Club Street也以古老的商店、时髦的酒吧、餐馆和下班后的喧闹而闻名。

❺ Ann Siang Hill Park

Ann Siang Hill Park的入口位于Ann Siang Rd的顶端。这里不仅是牛车水的最高点,也是城市中心的一片令人惊讶的绿洲。沿着人行道可以走到Amoy St。

❻ Siang Cho Keong Temple

小道观**Siang Cho Keong Temple**(☎6324 4171; 66 Amoy St; 免费入场; ⏲8:00~17:00; ⓂTelok Ayer, Tanjong Pagar)是闽南社区于1867~1869年建造的。在道观入口的左侧,你可以看到一个小"龙井":扔下一枚硬币,许个愿吧。

❼ Coffee Break

到休息一下的时间了,你可以去**Coffee Break**(www.facebook.com/coffeebreakamoystreet; 02-78 Amoy Street Food Centre, 7 Maxwell Rd; ⏲周一至周五7:30~15:00; ⓂTelok Ayer),一个简陋的饮品摊,有黑芝麻拿铁和橙子摩卡等选择。不过,千万别搞错了,这里始终是一个很好的老新加坡咖啡馆——只不过看上去略显寒酸罢了。

❽ Telok Ayer Street

在马来语中,Telok Ayer的意思是"水湾",而在19世纪的土地复垦工作中,Telok Ayer St是一条海岸公路。寻找一下19世纪50年代建造的阿尔阿布拉清真寺(Al-Abrar Mosque)、新加坡最古老的闽南道观天福宫,以及1828~1830年,由来自印度南部的丘利亚穆斯林(Chulia Muslims)建造的清真寺纳哥德卡殿(Nagore Durgha Shrine)。

A
B
C
D
1
2
3
4
5
Pearl's Hill Reservoir
珍珠山蓄水池
Pearl's Hill City Park
珍珠山城市公园
Pearl Bank
Pearl's Hill Tce
Park Cres
Upper Cross St
6 Ojok Lali
People's Park Complex
7
Chinatown
Chinatown Heritage Centre
牛车水原貌馆
Pagoda St
Temple St
Eu Tong Sen St
New Bridge Rd
13
25
Trengganu St
Smith St
33
34
Singapore Visitor Centre @Chinatown
新加坡旅游中心(牛车水)
Banda St
Sago St
Buddha Tooth Relic Temple
佛牙寺龙华院
3
South Bridge Rd
Spring St
Keong Saik Rd
Kreta Ayer Rd
32
CHINATOWN
牛车水
12
Outram Rd
Outram Park
8
21
Teck Lim Rd
Chuan Rd
28
Neil Rd
31
Maxwell Rd
Murray St
20
Duxton Hill
Murray Tce
15
30
Bukit Pasoh Rd
Neon Pigeon
Cook St
Tanjong Pagar Rd
Duxton Rd
Tras St
39
Cantonment Rd
Craig Rd
TANJONG PAGAR
1 峇峇住宅
26
14

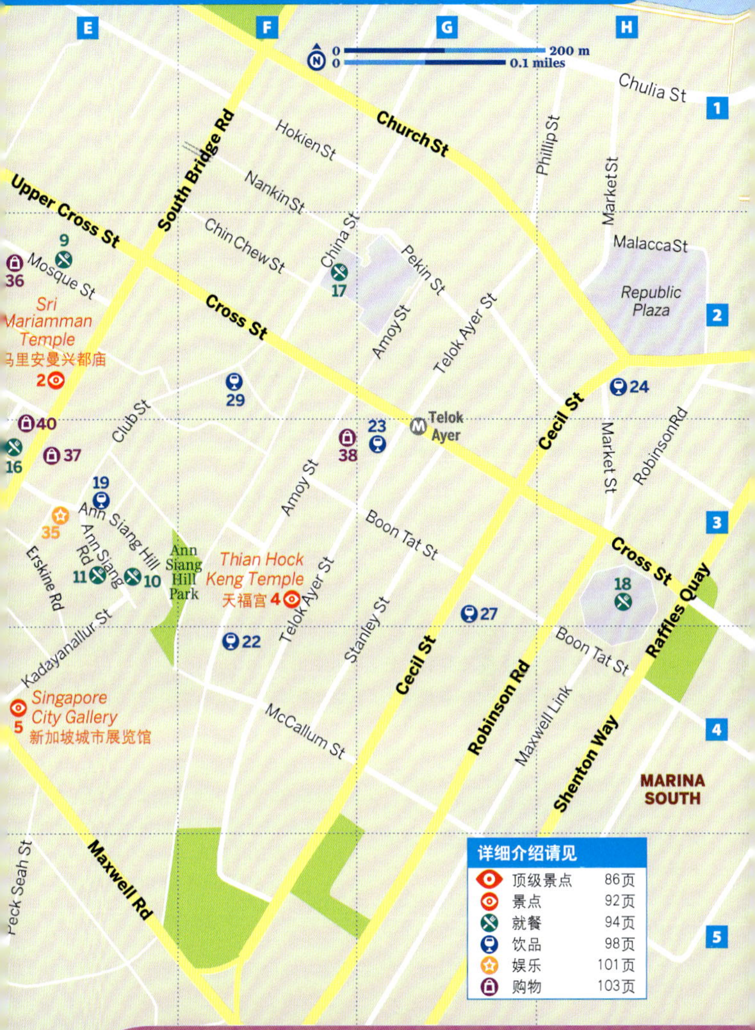
E
F
G
H
1
2
3
4
5
0 200 m
0 0.1 miles
Chulia St
Church St
Hokien St
Nankin St
South Bridge Rd
Upper Cross St
Chin Chew St
China St
Phillip St
Market St
Malacca St
Republic Plaza
Pekin St
Mosque St
Sri Mariamman Temple
马里安曼兴都庙
Cross St
Amoy St
Telok Ayer St
Club St
Telok Ayer
Cecil St
Robinson Rd
Ann Siang Hill
Ann Siang Rd
Erskine Rd
Ann Siang Hill Park
Thian Hock Keng Temple
天福宫
Boon Tat St
Raffles Quay
Kadayanallur St
Stanley St
Singapore City Gallery
新加坡城市展览馆
McCallum St
Maxwell Link
Shenton Way
MARINA SOUTH
Peck Seah St
Maxwell Rd
详细介绍请见
顶级景点 86页
景点 92页
就餐 94页
饮品 98页
娱乐 101页
购物 103页

景点

峇峇住宅

博物馆

1 见90页地图，A5

峇峇住宅是新加坡保存最完好的土生华人传统民居之一。建于19世纪90年代，它是一扇奇妙的窗口，通过它可以窥见一个世纪以前新加坡富裕的土生华人家庭的生活。修葺后的住宅保持了原貌，每个角落都得到了精心的呵护，包括蓝色门面上的雕刻图案和门帘。只有参加每周一、周二、周四和周六的导览游才能进入；团队游非常棒，而且是免费的。必须打电话预订。（Baba House；☎6227 5731；www.nus.edu.sg/cfa/museum/about.php；157 Neil Rd；外国游客 S$10；⏲1小时团队游周一 14:00，周二 14:00和18:30，周四 10:00，周六 11:00；MOutram Park）

马里安曼兴都庙

印度教寺庙

2 见90页地图，E2

颇为矛盾的是，这座新加坡最古老的印度教寺庙位于牛车水中心，最初建于1823年，后于1843年重建。你不会错过入口上方那尊20世纪30年代五彩缤纷的塔楼（gopuram），这座塔充满惊人的活力，是这座寺庙南印度达罗毗荼风格的关键所在。边墙以圣牛雕塑装饰，塔楼上覆满媚俗的灰泥图像，包括创造之神梵天、保护之神毗湿奴和毁灭之神湿婆。（Sri Mariamman Temple；☎6223 4064；244 South Bridge Rd；拍照/录像 S$3/6；⏲7:00至正午和18:00~21:00；MChinatown）

佛牙寺龙华院

佛教寺庙

3 见90页地图，D3

2008年开始供神，这座庞大笨重的5层佛教寺庙是佛牙收藏地点，据说这颗佛祖的左尖牙是在印度北部拘尸那揭罗（Kushinagar）的佛祖火葬柴堆中发现的。尽管其真实性还存在争议，但在四层的一间富丽堂皇的房间中，这件遗物还是享受着被供奉于420公斤纯金佛塔中的VIP待遇。三层的佛教博物馆里还有更多宗教文物在等待你的参观，安静的屋顶花园以万佛阁内一架巨大的转经筒为特色。（Buddha Tooth Relic Temple；☎6220 0220；www.btrts.org.sg；288 South Bridge Rd；免费入场；⏲7:00~19:00，遗物观赏 9:00~18:00；MChinatown）

天福宫

道观

4 见90页地图，F3

令人称奇的是，牛车水最古老、最重要的闽南道观像是一处静谧的世外桃源。建于1839~1842年，在填海工程将大海沿路推远之前，这个漂亮的地方曾经是中国水手最喜爱的登陆地点。不出所料，道观的设计特色极富象征意义：门口的石狮子阻挡恶鬼，中央大厅描画的凤凰和牡丹分别象征和平和佳音。（Thian Hock Keng Temple；☎6423 4616；www.thianhockkeng.com.sg；158 Telok Ayer St；免费入场；⏲7:30~17:30；MTelok Ayer）

佛牙寺龙华院

新加坡城市展览馆

博物馆

5 见90页地图，E4

在这个交互式的城市规划展览中，你可以看到新加坡的未来，对政府在土地复垦、高层住宅和城市规划等方面的鼓励政策，它提供了深刻见解。亮点是中心城市11米×1米的等比例模型，它向人们展示了一旦所有正在开发的项目都进入人们的视野后，新加坡将有多么的不同。（Singapore City Gallery；☎6321 8321；www.ura.gov.sg/citygallery；URA Bldg，45 Maxwell Rd；免费入场；周一至周六9:00~17:00；M Chinatown，Tanjong Pagar）

Ojok Lali

按摩

6 见90页地图，D1

这家小型的、简单的按摩服务中心，坐落在复古的人民公园中心（People's Park Centre；不要与和它相邻的People's Park Complex相混淆），专门从事爪哇按摩。这里价格便宜，很受欢迎，所以需要提前打电话预约，尤其是你打算在这里消磨下午时光的时候。（☎6341 1875；02-79 People's Park Centre，101 Upper Cross St；1小时全身按摩S$40；10:00~21:00；M Chinatown）

当地生活

达士岭

如果想少花些钱，又能看到无与伦比的美景，那就去**达士岭**(Pinnacle@Duxton; www.pinnacleduxton.com.sg; Block 1G, 1 Cantonment Rd; 门票 $5; ⏲9:00~21:00; Ⓜ Outram Park, Tanjong Pagar)50层的楼顶吧。它是世界上最大的公共住宅综合设施。那里的天桥连接了7座塔楼，在塔楼上可以看到令人震惊的360°的城市、港口和大海的全景。由于拥有大片的草坪、组合家具和日光浴浴床，这里的氛围也非常休闲。虽然我们上次游览时有一个临时售票亭，但门票通常只能通过Ez-link卡支付；只需将你的Ez-link卡放在位于Block G底部的售票机上即可付款。

People's Park Complex 按摩

7 见90页地图，C2

新加坡最古老的购物中心到处都散发着虎牌万金油的味道，并以其便宜的按摩而闻名。我们最喜欢的是**Mr Lim Foot Reflexology**(☎63274498; 1小时足底按摩 S$25; ⏲10:30~22:00)，你可以一边进行按摩，一边观看当地电视节目和台湾肥皂剧。如果你喜欢探险，那就试试鱼池足疗吧，那里的鱼群会在你的脚边啃咬死皮。(www.peoplesparkcomplex.sg; 1 Park Cres; ⏲9:00~22:00，商店时间不定；ⓂChinatown)

就餐

Burnt Ends 烧烤 $$$

8 见90页地图，C3

在这个热门餐厅，最好的座位在柜台附近，在那里可以看到主厨Dave Pynt和他4吨重的燃木烤箱及定制的烧烤架。这个和蔼可亲的澳大利亚人会在西班牙的木炭神Victor Arguinzoniz(Asador Etxebarri)下方工作。他会把猪肘放到自制的奶油蛋糕和牛肉酱中，在烤面包上涂上果酱。

菜单每天都在变化，而酒水清单则展示了更小的葡萄酒厂和微酿啤酒厂的酒类。只有正午和12:30的午餐，以及18:00和18:30的晚餐需要预订——提前预订，或者早到一些，以便将你的名字添加到名单中。(☎6224 3933; www.burntends.com.sg; 20 Teck Lim Rd; 菜肴 S$8~45; ⏲周三至周六11:45~14:00和18:00~23:00，周二18:00~23:00; ⓂChinatown, Outram Park)

Momma Kong's 海鲜 $$$

9 见90页地图，E2

小而时髦的Momma Kong's是由两个年轻的兄弟和他们一个痴迷于螃蟹的堂兄弟经营的。虽然菜品云集的菜单上有无数令人回味、无味精的螃蟹经典菜肴，但只有独特的辣椒蟹——它的腿和非胶状的肉汁——才是这个城市中无与伦比的。一只螃蟹和四个新鲜出锅的馒头足以供两个人享用。

与其他的地方不同，这里的辣椒蟹的价格是固定的，所以不会出现宰客的情况。提前两天预订（周五和周六提前三天），或者碰碰运气，晚点来。（☎6225 2722; www.mommakongs.com; 34 Mosque St; 螃蟹菜肴 S$48，2人套餐 S$126起; ⏲周一至周五17:00~22:00，周六和周日 11:00~22:00; Ⓜ Chinatown）

Ding Dong

东南亚菜 $$$

10 见90页地图，E3

从图画似的酒吧瓷砖，到一丝不苟的鸡尾酒，再到现代东南亚风味的菜肴，一切都是这家出其不意的餐馆的细节。预订一张餐桌，尽情享用新鲜的椰子扇贝鞑靼、美味的生姜、杏肉排骨或烹饪了48小时的巴东牛肉搭配野生的泡米和香脆的药草。（☎6557 0189; www.dingdong.com.sg; 01-02, 115 Amoy St; 菜肴 S$16~29，"feed me" 菜单 S$56~80; ⏲周一至周五正午至15:00和18:00至午夜，周六 18:00至午夜; Ⓜ Telok Ayer）

Bird Bird

泰国菜 $$

11 见90页地图，E3

在这家20世纪60年代的曼谷风格的餐馆里，鸡肉菜肴是招牌菜，这里由**Artichoke**（☎6336 6949; www.artichoke.com.sg; 161 Middle Rd; 主菜 S$18~45; ⏲周二至周五18:30~21:45，周六 11:30~15:30和18:30~21:45，周日 11:30~15:30; Ⓜ Bugis, Bras Basah）的厨师Bjorn Shen经营。你可以选择享用烤鸡肉，还可以选择曼谷炸鸡，前者鲜嫩多汁，后者是超级酥脆。由于不能预订，因此请提早到达；寻找这个热门地点的标志——"palace of Thai chicken"的招牌。（www.facebook.com/birdbirdsg; 18 Ann Siang Rd; 主菜 S$10~35; ⏲周二至周六11:30~14:30，周二至周四 18:30~22:00，周五和周六 18:30~23:00; Ⓜ Chinatown, Telok Ayer）

当地生活

Everton Park: 创意组屋

新加坡组屋（HDBs）的底层空间通常挤满了爱八卦的叔叔、阿姨和尖叫的孩子们。然而，在Everton Park，你很可能会遇到精品咖啡迷。**Nylon Coffee Roasters**（☎6220 2330; www.nyloncoffee.sg; 4 Everton Park, 01-40; ⏲周一和周三至周五 8:30~17:30，周六和周日 9:00~18:00; Ⓜ Outram Park, Tanjong Pagar）位于公共住宅区综合体中，是一个空间狭小得只够站着的咖啡馆，却因出众的季节性调配与单品咖啡豆而声名远播。Everton Park位于Outram Park MRT以南500米，就在有7座塔楼的达士岭（见94页）的对面，从Cantonment Rd进入。

ROSLAN RAHMAN/AFP/GETTY IMAGES ©

购买香港油鸡饭和面条的长队

麦士威路小贩中心

小贩中心 $

12 见90页地图，D4

麦士威路是牛车水最容易到达的小贩中心之一，可以品尝到该市的一些街头美食。虽然摊位的食品风味不断随着新加坡食客变化无常的口味更迭，但**天天海南鸡饭**（Tian Tian Hainanese Chicken Rice；01-10 Maxwell Food Centre，MaxwellRd和South Bridge Rd交叉路口；鸡饭 S$3.50起；周二至周日10:00~17:00；Chinatown）和**Rojak，Popiah & Cockle**（01-56 Maxwell Food Centre，MaxwellRd和South Bridge Rd交叉路口；薄饼S$2.50，马来辣味沙拉 S$3起；正午至22:30；Chinatown）一直以来是人们的最爱。（Maxwell Food Centre；Maxwell Rd和South Bridge Rd交叉路口；菜肴 S$2.50起；摊位时间变化不定；；Chinatown）

牛车水大厦

小贩中心 $

13 见90页地图，C2

任由外地人在Smith St经过改造的"牛车水美食街"游荡吧，附近的这个迷宫才是老行家和美食家的最爱。米其林星级摊位**香港油鸡饭·面**（Hong Kong Soya Sauce Chicken Rice & Noodle；02-126 Chinatown Complex；菜肴 S$2~3；周一、周二、周四和周五 10:30~19:00，周六和周日 8:30开始营业）也在这里。是否值得在这里等待两个小时全部由你。

其他的美味包括**联合本记砂锅饭**（Lian He Ben Ji Claypot Rice；6227 2470；02-

198/199 Chinatown Complex；菜肴 S$2.50~20，煲仔饭 S$5起；⏲周五至周三 16:30~22:00）的煲仔饭和**适香沙嗲**（Shi Xiang Satay；02-79 Chinatown Complex；沙嗲 S$6起；⏲周五至周三 15:30~21:00）浓郁的果仁沙嗲。（Chinatown Complex；11 New Bridge Rd；菜肴 S$3起；⏲摊位时间变化不定；Ⓜ Chinatown）

Ginza Tendon Itsuki

日本菜 $

14 见90页地图，D5

人生中有些事的结果是可以预料的，比如缴税和死亡，或者这家天丼（天妇罗盖饭）餐馆外永远都排着的长队。耐心的回报就是"欢迎"（irrashaimase）的喊声和大碗的日式佳肴。天妇罗和米饭烹制得极为完美，滴入甜甜黏黏的酱油，搭配日式蒸蛋（chawanmushi）、味噌汤和腌菜。只收现金。（☎6221 6678；www.tendon-itsuki.sg；101 Tanjong Pagar Rd；主菜 S$12.90~13.90；⏲11:30~14:30和17:30~22:00；✍；Ⓜ Tanjong Pagar）

Meta

法国菜 $$$

15 见90页地图，C4

这家时尚的新餐馆位于Keong Saik Road，供应带有一丝亚洲风味的法国菜肴。开放式厨房的长度接近这个狭长空间的长度，坐在高脚椅上就能看到厨师烹饪美味菜肴时的情景。菜单随着季节的变化而变化。（☎6513 0898；www.metarestaurant.sg；9 Keong Saik Rd；午餐/晚餐套餐 S$58/118；⏲周一至周五正午至14:00，周一至周六 17:30至午夜；✍；Ⓜ Chinatown，Outram Park）

慈缘轩健康素食

素食 $

16 见90页地图，E3

美味的食物，友好的经理和休闲的氛围，使这里成为牛车水中心的一个不错的素食选择。这里通常只有五六道菜肴（我们在这里吃饭时，包括美味的糙米饭和全麦汉堡，素食的槟城叻沙和杏仁豆腐），菜单每天都会写在黑板上。

此外，这里还提供一系列有趣的水果饮料。（Ci Yan Organic Vegetarian Health Food；☎6225 9026；www.facebook.com/ciyanveg；8-10 Smith St；主菜 S$4~8；⏲正午至22:00；✍；Ⓜ Chinatown）

独家贴士

占座！这个座位是我的！

新加坡的小贩中心不供应餐巾纸，所以最好随身携带一包纸巾。在高峰时段，当地人也会用纸巾来占座。操作非常简单：只要把纸巾放在空座上，就没有人会坐在那里。当然，这也意味着你不应该坐在一个"被占"的座位上，除非你想感受一下占座者的鄙视和愤怒。纸巾售卖者随处可见，花S$2通常可以买到几包。

亚坤咖椰吐司

咖啡馆 $

17 见90页地图，F2

尽管现在加入了连锁店，不过这家通风、复古的咖啡店还是一家名店，也是用新加坡方式开启一天的最佳方式。特色是黄油椰浆（kaya）面包片，蘸着溏心蛋（加些黑胡椒和几滴酱油），配上浓咖啡（kopi）。（Ya Kun Kay-a Toast；6438 3638；www.yakun.com；01-01 Far East Sq，18 China St；椰浆面包套餐S$4.80；周一至周五 7:30~19:00，周六至16:30，周日8:30~15:00；Telok Ayer）

老巴刹

小贩中心 $

18 见90页地图，H3

Lau Pa Sat在闽南语中指"旧市场"，用在这里非常恰当，因为这个1894年从格拉斯哥运来的漂亮的铁建筑至今仍然完好无损。真正的奇迹发生在对面的大街上，Boon Tat St变成了**Satay Street**（沙嗲每份约S$0.60；周一至周五 19:00至次日1:00，周六和周日 15:00至次日1:00），一个吉隆坡风格的场地，有餐桌、沿街叫卖啤酒的阿姨和烟雾缭绕的沙嗲摊。（Lau Pa Sat；www.laupasat.biz；18 Raffles Quay；菜肴S$4起，沙嗲 S$0.60起；24小时，摊位时间变化不定；Telok Ayer，Raffles Place）

饮品

Operation Dagger

鸡尾酒吧

19 见90页地图，E3

从"云彩形状"的灯泡雕塑到不断突破的鸡尾酒，"非同凡响"是这里的关键词。为了鼓励创新，这里的酒水都以味道而不是酒精浓度来分类，烈酒则被放在药瓶一般的统一容器内，放在架子上。你可以品尝加了芝麻的胡麻盐"gomashio"鸡尾酒、会分层的"hot & cold"。位于山上，在Club Street和Ann Siang Hill的交界处，路上有指示牌。（6438 4057；www.operationdagger.com；7 Ann Siang Hill；周二至周六 18:00至深夜；Chinatown）

Tippling Club

鸡尾酒吧

20 见90页地图，D4

Tippling Club将技术和创意融合，调酒技术高到令人眼花缭乱，这些足以让一个不喝酒的人变成一个醉鬼。吧台的位置最佳，在挂满瓶子的天花板下，热情的调酒师把罕见和珍贵的酒品变成神奇的"smokey old bastard"——一种用威士忌、苦精、雪茄和橙汁混合而成的柔和的饮品。（6475 2217；www.tipplingclub.com；38 Tanjong Pagar Rd；周一至周五正午至午夜，周六 18:00至正午；Outram Park，Tanjong Pagar）

Potato Head Folk

鸡尾酒吧

21 见90页地图，C4

具有传奇色彩的Bali酒吧的分店，

这座出色的多层游戏场包括3处空间，全都可以从充斥着恐怖小说壁画和巨大发光娃娃的方格楼梯间到达。略过Three Buns汉堡店，直接到昏暗、豪华且别具魅力的鸡尾酒休息室Studio 1939，或者悠闲轻松的屋顶提基风格酒吧。（☎6327 1939；www.pttheadfolk.com；36 Keong Saik Rd；⏰Studio 1939和屋顶酒吧周二至周日17:00至午夜；📶；Ⓜ Outram Park）

Spiffy Dapper

鸡尾酒吧

22 🍷 见90页地图，F4

找到"Dapper Coffee"的标志牌，然后在被人看到之前，快速地顺着楼梯爬上来，并且穿过雕刻精美的门。你可以从经典的鸡尾酒单中做出选择，也可以让调酒师做他们喜欢的酒——金酒爱好者们有福了，这里的金酒品种多到惊人。（☎8233 9810；www.spiffydapper.com；73 Amoy St；⏰周一至周五 17:00至深夜，周六和周日18:00开始营业；Ⓜ Telok Ayer）

Bitters & Love

鸡尾酒吧

23 🍷 见90页地图，G3

看到酒瓶形状的灯，走进这间温馨但往往喧闹的鸡尾酒吧里，这里聚集了城内顶级的调酒师。忘记酒水单吧。直接说出你最喜欢的口味或者点一杯用烈酒调制的鸡尾酒，让这里的团队施展他们的魔法吧。如果想要品尝当地风味，可以点一杯以朗姆酒为基础的、加入茶的Kaya Toast。（☎6438 1836；www.bittersandlove.com；118 Telok Ayer St；⏰周一至周四18:00至午夜，周五和周六至次日2:00；Ⓜ Telok Ayer）

Black Swan

酒吧

24 🍷 见90页地图，H2

那是丽塔·海华斯吗?这座装饰艺术风格的传奇酒吧坐落在在20世纪30年代的银行大楼里。你可以到繁忙的地下酒吧，享用一些欢乐时光（工作日17:00~20:00）的牡蛎（S$2）搭配时代啤酒和店内特色酒（S$11），或者把贝蒂·戴维斯带到Powder Room——一个颓废的鸡尾酒会。（☎6438 3757；www.theblackswan.com.sg；19 Cecil St；⏰Black Swan周一11:30~22:00，周二至周四至午夜，周五和周六至次日1:00；Powder Room 周二至周四 17:00至午夜，周五和周六至次日1:00；📶；Ⓜ Raffles Place, Telok Ayer）

当地生活

啤酒摊位

牛车水大厦（见96页）有几个不错的啤酒摊，你可以在那里与当地人一起喝精酿啤酒，比如Smith Street Taps就向你敞开了百叶窗，它的旁边就有一些城里最好的餐馆。当你进入中心时，如果那里看起来已经关闭，也不要停下脚步。在自动扶梯的顶部查看地图，找到摊位，然后加入派对。

Smith Street Taps

啤酒摊位

25 见90页地图，D3

前往这个小贩中心的摊位，选择来自世界各地的、变幻无穷的精酿和高级啤酒。小贩中心市场后区的周围还有几个食品摊，为这里营造出一种当地隐秘酒吧的喧闹氛围。（☎9430 2750；www.facebook.com/smithstreettaps；02-62 Chinatown Complex，11 New Bridge Rd；⏰周二至周六18:30~22:30；Ⓜ Chinatown）

Strangers' Reunion

咖啡馆

26 90页地图，A5

这家咖啡馆由三次获得新加坡冠军咖啡师荣誉的Ryan Tan经营，每次来这里必点的就是一杯丝柔、顺滑的拿铁。食物（主菜S$10.50~27.90）包括一系列沙拉和丰盛而诱人的主菜，从咖啡中脱颖而出、最吸引人们眼球的是酪乳华夫饼。（☎6222 4869；www.facebook.com/StrangersReunion；33-35 Kampong Bahru Rd；⏰周日至周四9:00~22:00，周五和周六至午夜；Ⓜ Outram Park）

Kyō

夜店

27 见90页地图，G3

这个庞大的、日本风格的游戏场是新加坡最长的酒吧（可能会有舞女在桌上跳电臀舞），适合时尚潮人，声音尖厉的DJ演奏多种风格的音乐，包括电子音乐、家庭音乐、放克音乐或迪斯科舞曲。如果你想在周中享受一下快乐的话，来这里就对了。（☎8299 8735；www.clubkyo.com；B2-01 Keck Seng Tower，133 Cecil St；⏰周三和周四10:00至次日3:00，周五至次日3:30，周六至次日4:30；Ⓜ Telok Ayer，Raffles Place）

Tantric Bar

酒吧、同性恋酒吧

28 见90页地图，C4

在新加坡最受欢迎的同性恋酒吧，你可以发现两间室内酒吧和两个棕榈树环绕的露天庭院。尤其是在周五和周六的晚上，这里会聚满打扮得非常漂亮的当地人和外地人，他们会一起谈天说地，在Kylie（凯莉）、Gaga（嘎嘎）、凯蒂·佩里（Katy Perry）的榜单金曲中游弋。（☎6423 9232；www.homeofthebluespin.com；78 Neil Rd；⏰周日至周五20:00至次日3:00，周六 20:00至次日4:00；Ⓜ Outram Park，Chinatown）

Ô Batignolles

葡萄酒吧

29 见90页地图，F2

穿上布列塔尼条纹衫，来到这个小酒馆，享受一点生活的乐趣。酒吧由一对法国夫妇经营，总是挤满了前来放松的律师，一杯（或一瓶）价格实惠的精品葡萄酒是个不错的选择。这里还有冷盘（assiette de charcuterie），还可以观看Club Steet街上的少量行人。（☎6438 3913；www.obatignolles.com；2 Gemmill Lane；⏰周一至周五正午至午夜，周六 11:00至午夜，周日 11:00~21:00；📶；Ⓜ Telok Ayer）

Taboo

夜店、同性恋酒吧

30 见90页地图，C4

在城里最受欢迎的同性恋俱乐部里，

牛车水Trengganu Street上的夜市

热舞一曲吧。这里有赤裸着上身的人们，异性恋的女性，以及定期举办的性感主题的夜晚活动。注意：休息室只在周三和周四开放。(☎6225 6256; www.taboo.sg; 65 Neil Rd; ⏰周三和周四 20:00至次日2:00，周五 10:00至次日3:00，周六 10:00至次日4:00; Ⓜ Outram Park, Chinatown)

Tea Chapter

茶馆

31 见90页地图，D4

伊丽莎白女王(Queen Elizabeth)和菲利普亲王(Prince Philip)曾在1989年莅临这所宁静的茶室。花上S$10，你就可以坐在这里饮茶。每人最少花费S$8，就可以尝到一壶用传统工艺的散装茶叶泡的茶。这里的茶叶质量不错，与它相邻的商店出售茶叶和一系列精美的茶具。(☎6226 1175; www.teachapter.com; 9-11 Neil Rd; ⏰茶馆周日至周四 11:00~22:30，周五和周六至23:00，商店每天 10:30~22:30; Ⓜ Chinatown)

娱乐

牛车水人民剧场

戏剧

32 见90页地图，C3

牛车水人民剧场坐落在People's Park Complex的后面，因上演中国戏剧戏曲而闻名。你可能不太明白戏剧里演的是什么，但这依然是一次美妙的体验。登录网站确认近期的演出信息。(Kreta Ayer People's Theatre; ☎6222 3972; www.kapt.com.sg; 30A Kreta Ayer Rd; Ⓜ Chinatown)

RICHARD I'ANSON/GETTY IMAGES ©

敦煌剧坊的表演者

Toy Factory Productions 剧院

33 见90页地图，D3

这个双语（英语和普通话）的戏剧公司最初专注于木偶表演，现在以跨文化合作和覆盖城市各地的当地演出而闻名。过去的作品包括一部关于新加坡最著名的变性人的戏剧，以及一个关于新加坡男人的邪恶讽刺作品——*The Penis Society*。你在新加坡感觉枯燥乏味了？哈！登录网站了解详细的表演信息吧。（☎6222 1526；www.toyfactory.com.sg；15A Smith St；⏲9:00~18:00；Ⓜ Chinatown）

敦煌剧坊 戏剧

34 见90页地图，D3

茶室之夜由这家非营利性戏剧公司组织，是对中国戏剧的精彩而非正式的介绍。每个周五和周六的20:00有45分钟的传统戏剧选段，出场演员身着全套扮相。你也可以选择演出之前19:00的中餐。需要预订。（Chinese Theatre Circle；☎6323 4862；www.ctcopera.com；5 Smith St；表演和小吃 S$25，表演和晚餐 S$40；⏲周五和周六 19:00~21:00；Ⓜ Chinatown）

Screening Room 电影院

35 见90页地图，E3

如果你对一个美好夜晚的想法是窝

在沙发里看经典电影，那就留出一些时间来Screening Room吧。从《锦城春色》（*On the Town*）到《性、谎言和录像带》（*Sex, Lies and Videotape*）等电影都会被投射到一个下拉屏幕上。最重要的是，如果在电影院的酒吧购买了S$15以上的饮料或食物，就可以免费观看。（☎6221 1694；www.screeningroom.com.sg；12 Ann Siang Rd；⏲周一至周六每晚；Ⓜ Chinatown，Telok Ayer）

购物

Utterly Art

艺术品

36 见90页地图，E2

爬上楼梯，来到这个非常受欢迎的小画廊，欣赏由当代新加坡、菲律宾、柬埔寨（偶尔）艺术家创作的作品。虽然画廊的焦点是绘画，但展览偶尔也会涉足雕塑和陶瓷，艺术品的价格约S$500起（取决于展览）。开放时间可能有点不固定，所以如果想要进行这趟特别的旅程，就一定要提前打电话。（☎9487 2006；www.utterlyart.com.sg；Level 3，20B Mosque St；⏲周一至周六14:00～20:00，周日正午至17:30；Ⓜ Chinatown）

余仁生

中药

37 见90页地图，E3

新加坡最著名的中药铺，这里的猴枣（Monkey Bezoar）散可以祛痰，六君子（Liu Jun Zi）丸可以祛湿。你可以找到草药等，甚至还可以找隔壁诊所的中医进行咨询（携带护照）。（Eu Yan Sang；☎6223 6333；www.euyansang.com.sg；269 South Bridge Rd；⏲商店 10:00～22:00，诊所周一至周六 8:30～19:30；Ⓜ Chinatown）

Willow and Huxley

时装和饰品

38 见90页地图，F3

Willow and Huxley销售小型的独立品牌的产品，如澳大利亚的Finders

了解当地

寺庙故事

在修建天福宫（见92页）之前，这里曾供奉着一尊简陋的佛像，中国移民们会来到这里，感谢海神妈祖保佑他们安全抵达。他们的捐款助力当前寺庙的建设，这座低矮的花岗岩屏障曾经在涨潮时将海水阻挡在外。抬头看一看右翼的寺庙天花板，你会看到一个人的雕像，它似乎是在举起一根横梁。这座雕像是对来自附近Chulia St的印度移民的颂歌，他们帮助建造了这座建筑。在1998年的修复工作中，人们在屋顶的一根横梁中有了惊人的发现——一幅由清光绪皇帝所写的卷轴，上面是他对新加坡华人社区的祝福。

了解当地

土生华人文化

由于《小娘惹》（*The Little Nonya*；2008年一部关于土生华人家族的系列电视剧，获得了很高的收视率）的播出，以及新加坡土生华人博物馆（见52页）的开放，人们又重拾了对土生华人遗产的兴趣。但到底谁才是土生华人呢？

起源

在新加坡，土生华人（土生土长的）是移民（大多与当地马来女性结婚）的后代。新加坡最大的土生华人团体是海峡华人（Straits Chinese）。这些人中的男性被称为峇峇（Babas），女性被称为娘惹（Nonya），他们主要讲的是一种混合了马来语、闽南语和英语的方言。海峡华人的祖先主要是来自中国大陆的商人，他们在马来半岛上生活的历史可以追溯到明朝。Chitty Melaka和Jawi Peranakan的祖先是印度商人，他们与当地的马来妇女结合，并创造了自己独特的传统。这三个群体经过几个世纪的文化交流和适应，创造出有趣的融合文化。

婚礼

现代人的结婚仪式越来越简单，但传统土生华人的婚礼却长达12天。土生华人博物馆二楼的婚礼馆，通过生动的展示品，让你仿佛亲身经历一场独特而华丽的土生华人婚礼。其中梳头的仪式特别重要，通常在婚礼的第一天举行，仪式中需要用到的物品包括《通书》、剪刀、迷你秤等。剪刀象征剪去不良习惯。秤则象征夫妻过着和谐而平衡的生活。

Keepers和Bec & Bridge，丹麦的Baum和Pferdgarten。这里的系列珠宝涵盖了从古到今各种各样的珠宝，其中有一小部分风格休闲随意，适合在沙滩上佩戴，由澳大利亚的“The Critical Slide Society”和纽约的“Onia”和“Psycho Bunny”出品。（☎6220 1745；www.willowandhuxley.com；20 Amoy St；⏰周一至周五 9:00~20:00，周六 11:00~15:00；Ⓜ Telok Ayer）

Tong Mern Sern Antiques 古玩

39 见90页地图，C5

一个“阿拉丁”洞穴般的地方，里面有布满灰尘的家具、书籍、唱片、木雕、瓷器和其他的小摆设（我们甚至还发现了一个旧的收银机）。Tong Mern Sern是新加坡怀旧的一个神奇猎场。前门上方悬挂着一条横幅，上面写道：“We buy junk and sell antiques. Some fools buy. Some fools sell.（我们买进垃圾卖出古董，一些笨蛋买，一些笨蛋卖。）”一定要带着你的智慧来哦。（☎6223 1037；51 Craig Rd；⏰周一至周六9:00~18:00；周日 13:00~18:00；Ⓜ Outram Park）

Yong Gallery 古玩

40 见90页地图，E3

店主是一位书法家，出售许多自己创作的艺术品。你还可以找到珠宝、真正的玉制品和古玩，以及更实惠的礼物，比如装饰书签和时钟。这家商店里到处都是好东西，所以即使你不想买东西，也会获得很多乐趣。（☎6226 1718；www.yonggallery.com；260 South Bridge Rd；⏰10:00~19:00；Ⓜ Chinatown）

当地生活

纸扎、死亡和Sago Lane小巷

牛车水附近出售各种稀奇古怪的纸扎，从小型汽车到电脑。这些纸扎会在葬礼上被烧毁，以确保死者能够拥有这些物质财富。经营已久的Nam's Supplies（☎6324 5872；www.namsupplies.com；22 Smith St；⏰8:00~19:00；Ⓜ Chinatown）自1948年以来就开始售卖此类纸扎。当时附近的Sago Lane小巷有所谓的“死亡屋”，人们把将死的亲人送到那里度过最后的日子，这条街也因此有“死人街”之称。

当地生活

加东（如切）

到达和离开

公共汽车 33路和16路公共汽车开往Joo Chiat Rd。

加东（Katong）也被称为如切（Joo Chiat），是新加坡土生华人社区的中心。这是一个充满魅力的地方，有许多色彩缤纷的店铺、远离喧嚣的寺庙、古雅的作坊和手工艺品工作室，更不用说城市里一些最好的餐馆了。在营业时间前来，你就会看到在祖传商店里进进出出，寻找布料、农产品和下一个美味小吃的当地人。

❶ Geylang Serai Market

Geylang Serai Market（1 Geylang Serai；⏲8:00~22:00，摊位时间变化不定；Ⓜ Paya Lebar）聚集着充满活力的湿巴刹、小贩中心和销售各种物品的摊位（从马来CD到无边便帽）。感觉饿了吗？买些香蕉煎饼（pisang goreng），再配上一些牛奶和玫瑰果汁（bandung）饱餐一顿吧。

❷ Joo Chiat Road

不拘一格的Joo Chiat Rd林立着色调昏暗的古董作坊、伊斯兰时装精品店和廉价的杂货店。左转进入Joo Chiat Tce，欣赏89~129号的土生华人露台，装饰着转门（pintu pagar）和五颜六色的瓷砖。

❸ Long Phung

回到Joo Chiat Rd，继续向南前往**Long Phung**（☎6440 6959；www.longphungvietrest.com；159 Joo Chiat Rd；菜肴 S$7~23；⏲正午至22:00；🚌16、33，Ⓜ Paya Lebar），这是一家正宗的越南餐馆，供应新加坡最好的越南菜肴。越南河粉（pho）无比美味。

❹ 观音堂

观音堂（Kuan Im Tng Temple；☎6348 0967；www.kuanimtng.org.sg；Tembeling Rd和Joo Chiat Lane交叉路口；⏲5:00~18:15；🚌16，33，Ⓜ Paya Lebar）近在眼前，很快就能到达。这是一个供奉着观音菩萨的佛教寺庙。寺庙迷们可以欣赏那些装饰着舞龙图案的华丽屋顶。

❺ Koon Seng Road排屋

Koon Seng Road以其两排战前的、色彩艳丽的土生华人排屋著称，排屋以灰泥制成的龙、鸟和螃蟹等形象以及欧洲进口的色彩艳丽的瓷砖作为装饰。

❻ 圣帕加维那雅加兴都庙

新加坡最美丽的印度教寺庙之一，**圣帕加维那雅加兴都庙**（Sri Senpaga Vinayagar Temple；☎6345 8176；www.senpaga.org.sg；19 Ceylon Rd；免费入场；⏲6:15至正午和18:30~21:00；🚌10路，12路，14路，32路）里供奉着kamalapaatham——这是一种摆放在古老印度教寺庙中，经过细致雕刻的花岗岩基石。寺庙内部的圣殿的屋顶是镀金的。

❼ Kim Choo Kueh Chang

加东到处都是面包房和甜品店，但很少有能与老派的**Kim Choo Kueh Chang**（www.kimchoo.com；109 East Coast Rd；⏲9:00~20:30；🚌10路，14路，16路，32路）相媲美的。你可以品尝一下传统的菠萝馅饼和其他的土生华人小点心（kueh），然后在与它毗邻的精品店里停下来，挑选土生华人陶瓷和服装。

❽ Katong Antique House

小商店兼博物馆**Katong Antique House**（☎6345 8544；208 East Coast Rd；🚌10路，12路，14路，32路，40路）是黄万庆（Peter Wee）的产业，他是一位著名的土生华人文化专家，这里收藏了他的书籍、古董和文物。只能预约入内，但有时也面向公众开放。

当地生活
芽笼

到达和离开

公共汽车 2路、13路、21路、26路和51路公共汽车沿Sims Ave行驶，经过芽笼。

新加坡地铁 Kallang站、Aljunied站和Paya Lebar站是最近的车站。

芽笼是个充斥着反差美的地方。这里因其神殿、寺庙和清真寺而闻名，但其妓院和后巷赌场也一样广为人知。你可以来这里吃顿午餐，午后漫步在古雅的小巷、宗教建筑和低调神秘的画廊之间，然后回到霓虹灯闪耀的Geylang Rd，观看人来人往，品尝令人难忘的当地美食，度过一个漫长而热闹的夜晚。

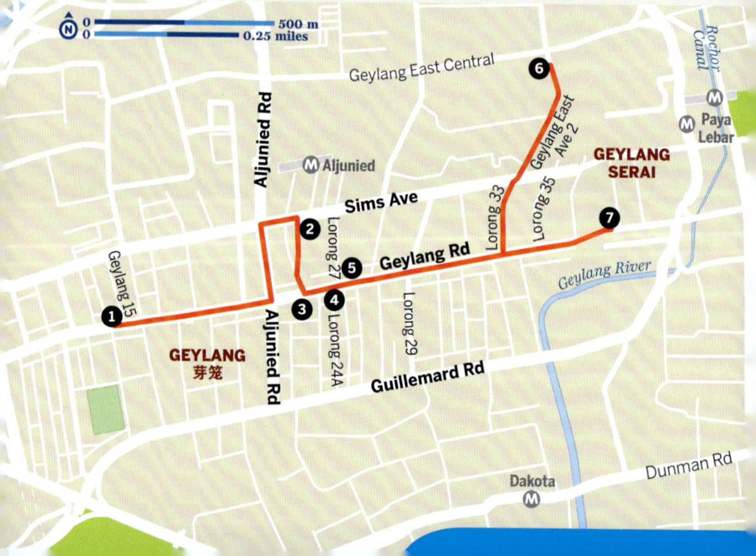

❶ 芽笼九巷活田鸡

芽笼以田鸡粥而闻名，**芽笼九巷活田鸡**（Geylang Lor 9 Fresh Frog Porridge；235 Geylang Rd；田鸡粥 S$8.50起；⏲11:45至次日3:45；🚌2路，51路，Ⓜ Kallang）是品尝田鸡粥的最佳地点。这里广东风味的田鸡粥丝滑、黏稠，而且只使用活田鸡烹饪，因此蛙肉总是无比鲜嫩。

❷ 阿弥陀佛佛教中心

在**阿弥陀佛佛教中心**（Amitabha Buddhist Centre；☎6745 8547；www.fpmtabc.org；44 Lorong 25A；⏲周二至周六 10:30~18:00，周日 10:00~18:00；Ⓜ Aljunied）修一门关于佛法和冥想的课程；楼上的禅坐大厅面向公众开放，那里摆满了祷告物品。登录网站查询课程时间表。

❸ 无招牌海鲜

如果你不敢吃田鸡粥，那就在**无招牌海鲜**（No Signboard Seafood；☎6842 3415；www.nosignboardseafood.com；414 Geylang Rd；菜肴 S$15~60起，螃蟹 每千克约S$80；⏲11:00至次日1:00；Ⓜ Aljunied）品尝一下白胡椒蟹吧。Madam Ong Kim Hoi以一个不知名的小贩摊位（因此没有“招牌”）起家，但她制作的海鲜菜肴备受欢迎，由此成为一个拥有四家餐馆的富有女人。

❹ Lorong 24A

Lorong 24A是一条非常值得漫步的小巷，两旁林立着经过翻修的店铺，你可以听到从店铺中传来的诵经声。其中的许多店铺已经被该地区众多的佛教协会接管。在小巷旁边绿树成荫的Lorong 27上，色彩缤纷的神殿和寺庙随处可见。

❺ Geylang Thian Huat Siang Joss Paper

老式的**Geylang Thian Huat Siang Joss Paper**（503 Geylang Rd；⏲8:00~21:30；Ⓜ Aljunied）出售在葬礼上使用的纸扎。你会发现各种纸扎，从巨大的收银机到逼真的鞋子和成堆的现金，这些东西都会被扔进火里，以确保逝者在阴间的生活舒适富足。

❻ Sri Sivan Temple

奇特而华丽的**Sri Sivan Temple**（☎6743 4566；www.sstsingapore.com；24 Geylang East Ave 2；免费入场；⏲6:00至正午和18:00~21:00；Ⓜ Paya Lebar）在19世纪50年代建于Orchard Rd，20世纪80年代被整体迁移，搬到Serangoon Rd，之后又在1993年被搬到现在的位置。由于融合了北印度和南印度的建筑特点，这座印度教寺庙非常独特。

❼ Rochor Beancurd

在小巧的**Rochor Beancurd**（☎6748 3989；www.rochorbeancurdhouse.wix.com/home；745 Geylang Rd；油条 S$1.10，豆腐 S$1.50起；⏲24小时；✎；Ⓜ Paya Lebar）以甜蜜的音符结束一天的游览。人们从城市各处来到这里，为了吃上一碗柔滑的豆腐（选择热豆腐）。要一根油条，就着豆腐一起食用，让美食填满你的心灵。对了，这里的蛋挞也很美味。

当地生活
樟宜和乌敏岛

到达和离开

公共汽车 2路公共汽车从Tanah Merah MRT发车，开往樟宜村。小贩船（单程 S$3，自行车附加费 S$2；6:00~21:00）往返于樟宜村和乌敏岛。

在新加坡的“远东区”，当地人过着节奏舒缓而又怀旧的生活。在休闲舒适的樟宜村（Changi Village），人们穿着背心、沙滩裤和人字拖，低矮的组屋随处可见，很少能看到外地人。乘坐一艘小贩船（带有引擎的小船）离开，很快就能到达乌敏岛（Pulau Ubin），这座田园小岛至今发展滞后，但谁知道以后会怎么样呢。

❶ 樟宜博物馆和礼拜堂

樟宜博物馆和礼拜堂(Changi Museum & Chapel; ☎6214 2451; www.changimuseum.sg; 1000 Upper Changi Rd N; 语音导览机 成人/儿童 S$8/4; ⏲9:30~17:00, 最后入场时间 16:30; Ⓜ Tanah Merah, 转乘2路公共汽车)旧址在樟宜监狱，虽然现在已经迁到这里，却仍旧向盟军战俘表达着深深的敬意。这些人在“二战”中被入侵的日本军队俘虏与囚禁，惨遭虐待。这里的中心展品是由战俘们按照原来的樟宜小教堂(Changi Chapel)建造的复制品。

❷ 樟宜村

樟宜村位于新加坡遥远的东北海岸，是一座岛屿村落，很值得一游。旅行者在这里可以体验到新加坡放松的一面。村里随处都可以找到便宜的衣服、蜡染布、印度纺织品和电子产品。开往乌敏岛的小贩船从公共汽车站旁边的樟宜渡船码头(Changi Point Ferry Terminal)出发。

❸ 乌敏岛村

你的登陆地点是乌敏岛村。严格意义上说，这里并不是一个观光景点，但它原始的自然风光会让你感受到新加坡丢失已久的淳朴美。如果你感觉饿了，左转就是几家餐馆，大都在村庄的小屋里。你可以吃到面条、米饭或者香辣蟹等海鲜主菜(海鲜主菜预计每人需花费约S$25)。村庄里还能租到自行车；日租费用为S$5~12。

❹ 仄爪哇湿地

如果你的时间只够游览乌敏岛的一个地方，那就去**仄爪哇湿地**(Chek Jawa Wetlands; 免费入场; ⏲8:30~18:00)吧。它位于岛屿东端，1公里长的木板路径直伸入大海，然后蜿蜒穿过受到保护的红树林沼泽，抵达20米高的Jejawi Tower，在那里可以看到令人惊叹的全景景观。你不能把自行车带进保护区，所以一定要租一个自行车锁。

❺ 德国女孩神殿

德国女孩神殿(German Girl Shrine)坐落在一座崭新的硬木小屋中，是岛上最奇特的景点之一。据传，“一战”期间，一个德国咖啡种植园经理的女儿为了摆脱英国军队的追捕(其父母当时已被英军俘获)，不慎跌入屋后的采石场殒命。这个信奉罗马天主教的女孩神奇地成为道教中的神，帮助中国信徒寻求健康和财富。

❻ Coastal Settlement

回到樟宜，在**Coastal Settlement**(☎6475 0200; www.thecoastalsettlement.com; 200 Netheravon Rd; ⏲周二至周日 10:30至午夜，最后点酒时间 21:30; Ⓜ Tampines，转乘29路公共汽车)喝点东西，结束一天的旅程。这是一间不拘一格的酒吧休闲餐厅，装饰着许多复古的物品。它坐落在树木苍翠繁茂的土地上，在一座黑白相间的殖民风格的小屋里。

探索

小印度和小阿拉伯

看似杂乱无序的小印度充满活力，是新加坡最具异国风情的街区。在这里，琳琅满目的商品堆积在狭小的空间里，色彩缤纷的店铺比比皆是（见上图），缠着腰带的男人们在市场里一边聊八卦，一边品尝着正宗而美味的薄煎饼。朝东南方向前行 15 分钟，宁静的小阿拉伯就在眼前，这里有美丽的清真寺、充满活力的建筑、时尚的精品店和美味的食物。

一日游行程

在**Ananda Bhavan**（见126页）品尝南印度风格的早餐，探索**Tekka Centre Wet Market**（见115页）充满活力的市场摊位，顺便参观Wet Market一下**维拉玛卡里雅曼兴都庙**（见118页）的印度教展品。想要了解更多关于新加坡印度社区丰富多彩的历史，你可以花一个小时左右的时间去探索令人印象深刻的多媒体**印度传统文化馆**（见118页）。

在**Lagnaa Barefoot Dining**（见123页）再品尝一下印度的家常菜，在**观音堂佛祖庙**（见121页）中寻找好运气，然后在**Bugis Street Market**（见133页）试试你的运气，看看能不能买到一些便宜的东西。下一站：小阿拉伯。如果你还没有去购物，可以在**Sifr Aromatics**（见130页）挑选一瓶定制的香水，在**Supermama**（见130页）购买一些当地设计。你还可以直接前往传统的**苏丹清真寺**（见119页）。

晚餐时间，可以在**Piedra Negra**（见125页）品尝墨西哥菜，喝一些玛格丽塔酒，观看行人；也可以在**Cicheti**（见123页）吃正宗的意大利菜，或者在简朴的**Zam Zam**（见123页）尝一尝特别便宜的murtabak（带馅薄饼）。在**Maison Ikkoku**（见127页）以一杯定制的鸡尾酒，在**BluJaz Café**（见129页）或**Going Om**（见129页）以现场音乐表演结束一天的旅程。

想体验小印度当地人的一日生活，见114页。

当地生活

小印度漫步（见114页）

新加坡最佳

就餐

Kilo（见122页）

Lagnaa Barefoot Dining（见123页）

Zam Zam（见123页）

饮品

Maison Ikkoku（见127页）

Beast（见127页）

Artistry（见128页）

Druggists（见127页）

购物

Sifr Aromatics（见130页）

Supermama（见130页）

Haji Lane（见133页）

到达和离开

M 新加坡地铁 小印度站（紫色线路）就在Tekka Centre的旁边。你也可以从Rochor站（蓝色线路）、Bugis站（蓝色线路和绿色线路）和Farrer Park站（紫色线路）步行到这里。从Bugis站前往小印度最方便，而Lavender站（绿色线路）或Farrer Park站离惹兰勿刹（Jalan Besar）更近。

当地生活

小印度漫步

熙熙攘攘、色彩斑斓、充满活力，小印度与城市中比较安静的地区形成鲜明的对比。这里是一个勇敢而刺激的奇境，到处都是布满灰尘的杂货店、黄金和纱丽商人、讨价还价的印度家庭和令人陶醉的印度教寺庙。除此之外，还有许多火爆的餐馆，你一定会在这里获得新加坡最迷人、最令人兴奋的城市体验。

❶ Buffalo Road

在Buffalo Rd，你会进入次大陆的新加坡。这是一条喧闹的大街，到处是色彩鲜艳的店屋、印度的农产品商店、印度教的神殿和花环摊。用来做花环的鲜花极具象征意义：莲花和白茉莉都代表纯洁，黄色的金盏花象征和平。

❷ Tan House

当你沿着Buffalo Rd向Serangoon Rd走的时候，在你的左边寻找一条通向Kerbau Rd的小巷。快速走过小巷，你会被Tan House所吸引。它坐落在小巷和Kerbau Rd的街角，是新加坡色彩最缤纷的建筑。离开Instagrammed后，沿着Buffalo Rd往回走即可到达。

❸ Tekka Centre Wet Market

如果是早晨，那就前往Tekka Centre（见116页地图，A5；Serangoon Rd和Buffalo Rd交叉路口；菜肴 S$3~10；⏲7:00~23:00；✍；Ⓜ Little India）里面的湿巴刹。在那里，当地人为了买到城市里最新鲜的农产品而战。这是一个非常热情的地方，从新鲜的酸奶和干的咖喱香料，到苦瓜、黑皮鸡和清真肉，都可以买到。如果你想要买纱丽，顶层有一大群摊贩。

❹ Nalli

如果想要购买优质的棉布和丝绸纱丽，许多当地人会去**Nalli**（☎6299 3949；www.nallisingapore.com.sg；10 Buffalo Rd；⏲10:00~21:00；Ⓜ Little India），它就在Tekka Centre的对面。这是一家常年繁忙的小商店，在这里只需花费S$30就可以买到一条棉布纱丽。如果你不差钱的话，那就考虑选择一条美丽的丝绸纱丽，大部分丝绸纱丽都在楼上，价格通常是S$100~1000。

❺ Thandapani Co

走进Dunlop St，寻找**Thandapani Co**（124 Dunlop St；⏲9:30~21:30；Ⓜ Little India）。这个杂货店据说是城里最好的香料供应商之一，销售许多在其他地方根本找不到的原料，包括辣椒、茴香种子和其他印度原料。

❻ 阿督卡夫回教堂

同样迷人的是**阿督卡夫回教堂**（Abdul Gafoor Mosque；☎6295 4209；41 Dunlop St；免费入场；⏲周六至周四8:00~20:00，周五8:00至正午和14:30~20:00；Ⓜ Rochor，Little India），有着独特的伊斯兰风格和维多利亚式建筑风格。它于1910年完工，主入口处有一个精致的日晷，上面的25道光轨用伊斯兰书法写着25个先知的名字。

❼ Sungei Road Laksa

在**Sungei Road Laksa**（01-100，Block 27，Jln Berseh；叻沙 S$3；⏲9:00~17:00，每月的第一个和第三个周三歇业；Ⓜ Rochor）以一份便宜的、热气腾腾的食物结束你在当地的探险之旅吧！许多人都疯狂地喜欢这里香浓、开胃的椰子汤底，只有木炭才能让这种珍贵的肉汁保持温度。为了避免午餐时拥挤的人群，请在11:30之前或14:00之后进入。

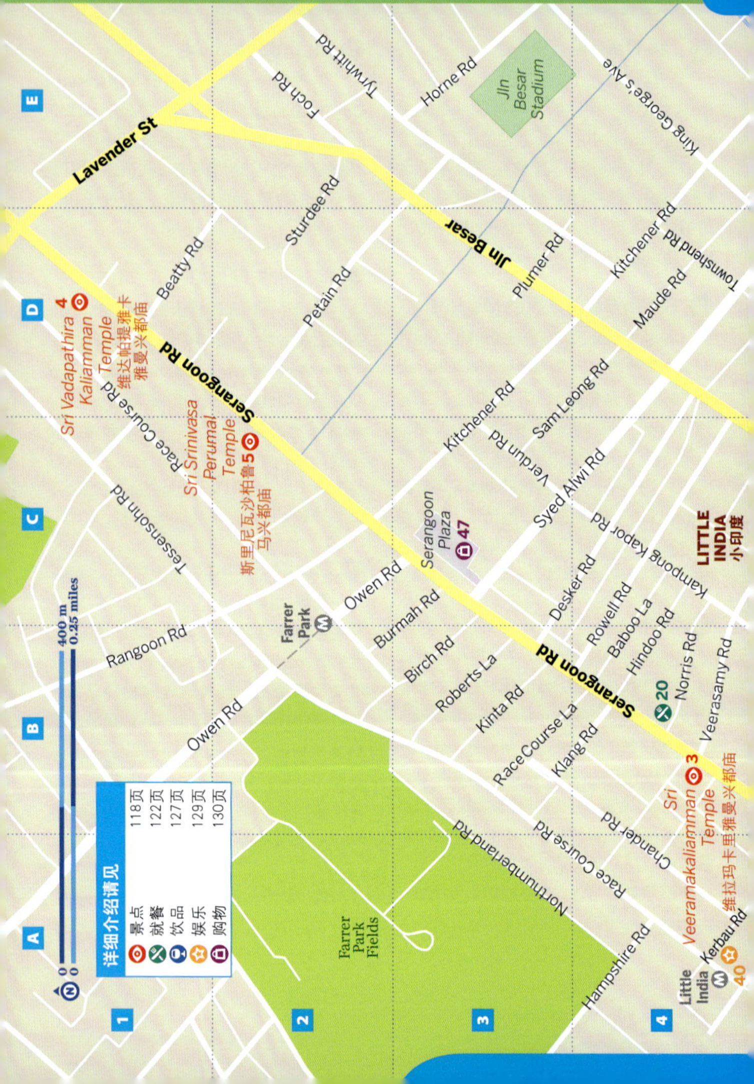

详细介绍请见
景点 118页
就餐 122页
饮品 127页
娱乐 129页
购物 130页
0 400 m
0 0.25 miles
A
B
C
D
E
1
2
3
4
Lavender St
Foch Rd
Tyrwhitt Rd
Horne Rd
Jln Besar Stadium
King George's Ave
Sturdee Rd
Beatty Rd
Jln Besar
Plumer Rd
Kitchener Rd
Townshend Rd
Maude Rd
Petain Rd
Sri Vadapathira Kaliamman Temple
维达帕提雅卡雅曼兴都庙
4
Serangoon Rd
Race Course Rd
Sri Srinivasa Perumal Temple
斯里尼瓦沙柏鲁马兴都庙
5
Tessensohn Rd
Rangoon Rd
Farrer Park
Owen Rd
Burmah Rd
Birch Rd
Roberts La
Kinta Rd
RaceCourse La
Klang Rd
Serangoon Plaza
47
Verdun Rd
Sam Leong Rd
Syed Alwi Rd
Desker Rd
Rowell Rd
Baboo La
Hindoo Rd
Norris Rd
Veerasamy Rd
20
Kampong Kapor Rd
LITTLE INDIA
小印度
Farrer Park Fields
Northumberland Rd
Race Course Rd
Chander Rd
Hampshire Rd
Sri Veeramakaliamman Temple
维拉玛卡里雅曼兴都庙
3
Kerbau Rd
Little India
40

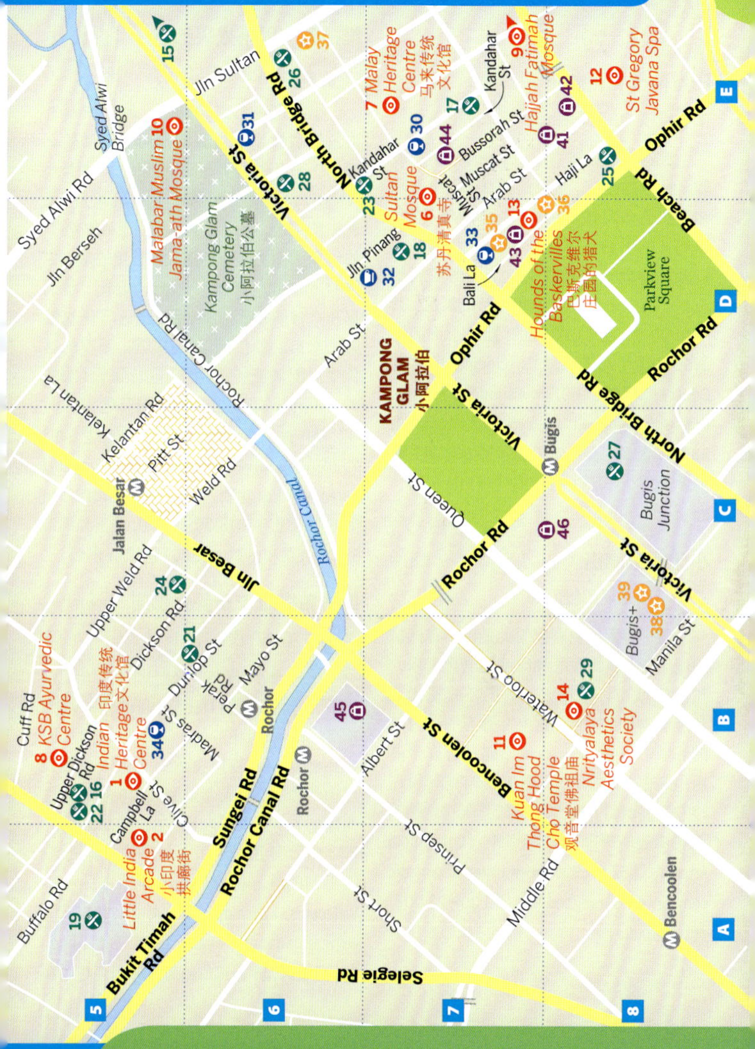
KAMPONG GLAM
小阿拉伯
Kampong Glam Cemetery
小阿拉伯公墓
Malabar Muslim Jama-ath Mosque
10
7 Malay Heritage Centre
马来传统文化馆
Sultan Mosque
6
苏丹清真寺
Hajjah Fatimah Mosque
9
Hounds of the Baskervilles
巴斯克维尔庄园的猎犬
13
St Gregory Javana Spa
12
KSB Ayurvedic Centre
8
Indian Heritage Centre
印度传统文化馆
1
Little India Arcade
小印度拱廊街
2
Kuan Im Thong Hood Cho Temple
观音堂佛祖庙
11
Nrityalaya Aesthetics Society
14
Parkview Square
Bugis Junction
Bugis+
Syed Alwi Rd
Syed Alwi Bridge
Jln Berseh
Jln Sultan
Victoria St
North Bridge Rd
Kandahar St
Jln Pinang
Bali La
Muscat St
Bussorah St
Arab St
Haji La
Ophir Rd
Beach Rd
Rochor Rd
Rochor Canal Rd
Rochor Canal
Kelantan La
Kelantan Rd
Pitt St
Weld Rd
Jalan Besar
Jln Besar
Upper Weld Rd
Dickson Rd
Dunlop St
Perak Rd
Mayo St
Madras St
Clive St
Campbell La
Upper Dickson Rd
Cuff Rd
Buffalo Rd
Bukit Timah Rd
Sungei Rd
Rochor
Albert St
Queen St
Waterloo St
Bencoolen St
Middle Rd
Prinsep St
Short St
Selegie Rd
Manila St
Bugis
Bencoolen
15
16
17
18
19
21
22
23
24
25
26
27
28
29
30
31
32
33
34
35
36
37
38
39
41
42
43
44
45
46
A
B
C
D
E
5
6
7
8

景点

印度传统文化馆 博物馆

1 见116页地图，B5

在这个展览博物馆，深入研究新加坡印度社区的传统。这里的数百件历史文物和文化艺术品被分为5个主题，从南亚和东南亚的早期互动，到印度的文化传统，以及印度裔新加坡人对这个岛国发展的贡献。这里还有许多更为奇特的展品，其中包括一个建于19世纪的门道，上面装饰着5000个小巧的雕刻品。（Indian Heritage Centre；☎6291 1601；www.indianheritage.org.sg；5 Campbell Lane；成人/7岁以下儿童S$6/4；⏲周二至周四10:00~19:00，周五和周六至20:00，周日至16:00；Ⓜ Little India，Rochor）

小印度拱廊街 市场

2 见116页地图，A5

这个朴素但色彩缤纷的地区中有拥挤的商店、浓郁的香气和印度的电影音乐，与这座城市许多地方一本正经的现代气息形成鲜明的对比。这个拱廊有一个内部的区域，Campbell Lane沿路还有许多商店。在这里，你可以看到镶框的克利须那神（Krishna）的印像，吃到美味的食物，看到街边的厨师在煎炸薄饼。（Little India Arcade；☎6295 5998；www.littleindiaarcade.com.sg；48 Serangoon Rd；⏲9:00~22:00；Ⓜ Little India）

维拉玛卡里雅曼兴都庙 印度教寺庙

3 见116页地图，B4

小印度色彩最为艳丽、最具视觉冲击力的宗教场所当属维拉玛卡里雅曼兴都庙。这里供奉着生性残暴的女神卡莉（Kali，湿婆神的配偶），她被刻画为“佩戴骷髅项链，正对不幸的人们开膛破肚”的形象，陪她共享宁静家庭时光的是甘尼许（Ganesh）和穆卢干（Murugan），他们都是女神的儿子。1881年修建这座建筑的劳工来自孟加拉地区，在那里，湿婆的这位嗜血配偶流传甚广。在进行每天4次的祷告（puja）时，也是寺庙最有魅力的时候。（Sri Veeramakaliamman Temple；☎6295 4538；www.sriveeramakaliamman.com；141 Serangoon Rd；免费入场；⏲周一至周四和周六 8:00至正午和18:30~21:00，周五和周日8:00至正午和18:00~21:00；Ⓜ Little India）

维达帕提雅卡雅曼兴都庙 印度教寺庙

4 见116页地图，D1

这座南印度寺庙建于1870年，是为了邪恶毁灭者（Destroyer of Evil）Kaliamman而建造的一座简单的神殿。但在1969年，人们对它的外观进行了一次大规模的修葺，变成今天的美丽模样。这里的雕刻——尤其是印度方尖庙（vimana；寺庙内的穹顶结构）——是你在新加坡能见到的最好的寺庙艺术作品之一。（Sri Vadapathira Kaliamman Temple；☎6298 5053；www.srivadapathirakali.org；555 Serangoon Rd；免费入场；⏲周日至周四6:00至正午和

维拉玛卡里雅曼兴都庙的印度教神明

16:30~21:00，周五和周六 6:00~12:30和16:30~21:30；Ⓜ Farrer Park, Boon Keng）

斯里尼瓦沙柏鲁马兴都庙 印度教寺庙

5 见116页地图，C2

这座寺庙始建于1855年，里面供奉的是毗湿奴（Vishnu），但引人注目的是1966年增建的20米的高塔（gopuram），价值S$300,000。寺内供奉着一尊毗湿奴像，还有他的朋友拉克希米女神（Lakshmi）和安达尔（Andal），以及半人半鸟的坐骑迦楼罗（Garuda）。在大宝森节（Thaipusam）期间，这座寺庙将成为一场多姿多彩、声势浩大的街头游行的起点：为了显示自己的虔诚，许多信徒都会用钩子和烤肉叉刺穿他们自己的身体。（Sri Srinivasa Perumal Temple；☎6298 5771；https://heb.org.sg；397 Serangoon Rd；免费入场；⏲6:30至正午和18:00~21:00；Ⓜ Farrer Park）

苏丹清真寺 清真寺

6 见116页地图，E7

这座新加坡最大的清真寺如同《一千零一夜》中的幻影，美得不可方物。整座建筑采用萨拉森风格设计，顶端有金色穹顶。1825年，莱佛士与新加坡苏丹达成协议，允许马来的领导人继续保留该地区的主权，莱佛士和东印度公司在之后拨款初建了这座清真寺。1928年，原清真寺被现在这座由爱尔兰建筑师设计的宏伟建筑所取代。（Sultan Mosque；☎6293

当地生活

班克斯，亚洲风格

街头艺术家Ernest Zacharevic（www.zachas.com）被称为马来西亚的班克斯（Banksy）。这位艺术家出生于立陶宛，目前居住在槟城（Penang）。他的街头艺术作品特色鲜明，互动性强，引人入胜，吸引了全球的目光。Zacharevic的作品通常包含现实生活中的用品，如旧自行车、椅子，甚至是从裂缝里长出来的苔藓。在位于Malabar Muslim Jama-ath Mosque对面的一个小作坊中，两个兴奋的孩子在一对3D超市手推车上轻松快乐地滑行着。右边，一个小男孩翻了个跟头从一个盒子里出来，而在更往南一点儿的Victoria St和Jln Pisang的角落，一个巨人女孩在抚摸一只小狮子。

4405；www.sultanmosque.org.sg；3 Muscat St；免费入场；⌚周六至周四 9:30至正午和14:00~16:00，周五14:30~16:00；Ⓜ Bugis）

马来传统文化馆 博物馆

7 见116页地图，E7

小印度地区是马来皇室历史悠久的王座所在地，在莱佛士抵达这里之前，他们就住在这里，而且此处的宫殿（istana）修建于1836~1843年，正是为新加坡末代苏丹阿里·依斯干达沙（Ali Iskander Shah）所建。如今它是一座博物馆，最近经过改造的展馆探寻了马来-新加坡文化和历史，从早期贸易移民到小印度，再到马来-新加坡电影、戏剧、音乐和出版业的发展。（Malay Heritage Centre；☎6391 0450；www.malayheritage.org.sg；85 Sultan Gate；成人/6岁以下儿童 S$4/免费；⌚周二至周日10:00~18:00；Ⓜ Bugis）

KSB Ayurvedic Centre 按摩

8 见116页地图，B5

如果小印度的极度活跃让你感到很疲惫，那么，你可以在这个舒适、友好的地方体验一下阿育吠陀（传统的印度医学），用印度的传统疗法来恢复你的体力。治疗包括Udwarthana（使用一种草药和谷物泥来清洁皮肤，改善血液循环），以及深受欢迎的Abhyangam（一边使用药油，一边按摩）。这里也提供瑜伽课。（☎6635 2339；www.ayurvedaksb.sg；11 Upper Dickson Rd；30分钟按摩 S$35起；⌚周一至周六9:00~21:00，周日至15:00；Ⓜ Little India）

Hajjah Fatimah Mosque 清真寺

9 见116页地图，E7

这座奇特的清真寺尖塔可谓新加坡的“比萨斜塔”，由于该建筑所在地的沙质土壤，它倾斜了大约6°。这座清真寺本身就很吸引人，因为它具有独特的建筑风格——融合了中东和英国的风格。它的特色是一个彩色玻璃穹顶屋顶。这座建筑建于1846年，是以出生于马六甲的新加坡慈善家Hajjah Fatimah的名字命名的，他的家曾经就在这个地方。(☎6297 2774; 4001 Beach Rd; ⏲9:00~21:00; Ⓜ Nicoll Hwy, Lavender)

Malabar Muslim Jama-ath Mosque 清真寺

10 见116页地图，E5

金色穹顶的Malabar Muslim Jama-ath Mosque是一座奇特的建筑，完全是用蓝色的几何图形瓷砖建造的，其建筑风格非常明显。这座清真寺专门为来自南印度喀拉拉邦(Kerala)的Malabar穆斯林建造，始建于1956年，但由于现金流问题，直到1963年才正式开放。它“迟做总比不做好”的信念又延续到了贴瓷砖上，直到1995年才真正竣工。(☎6294 3862; www.malabar.org.sg; 471 Victoria St; 免费入场; ⏲14:30~16:00和17:00~18:30; Ⓜ Lavender)

观音堂佛祖庙 佛教寺庙

11 见116页地图，B7

这是新加坡人流量最大的(由于信徒众多，也是最幸运的)寺庙，挤满了前来求签(chien tung)的人们。这里供奉着观音菩萨。入口处有许多卖花的人和算命先生，而在远一点的街上，信徒都在摸一座巨大的青铜弥勒佛(Buddha Maitreya)的肚子，以期获得更多的好运气。(Kuan Im Thong Hood Cho Temple; 178 Waterloo St; 免费入场; ⏲6:00~18:30; Ⓜ Bugis)

St Gregory Javana Spa 水疗

12 见116页地图，E8

圣格雷戈里(St Gregory)集团是新加坡理疗产业的巨头，坐拥四座理疗机构。这家最近翻新的分店位于Parkroyal酒店，它的森林氛围造就了一种梦幻般的按摩环境，服务从瑞典式按摩、浸泡和牛奶浴，到中国传统疗法和药油阿育吠陀按摩，范围广泛。(☎6505 5755; www.stgregoryspa.com; level 4, Parkroyal, 7500 Beach Rd; 治疗 S$45~300; ⏲10:00~22:00, 周六和周日9:00~21:00; Ⓜ Bugis, Nicoll Hwy)

巴斯克维尔庄园的猎犬 美容

13 见116页地图，D7

文身潮人、装满各式理发剪的古董

当地生活

Petain Road Terraces

在Jln Besar和Sturdee Rd之间，有一排特别华丽的**双层排屋**(Petain Rd; Ⓜ Farrer Park)，其历史可以追溯到20世纪20年代。排屋呈现的颜色视觉冲击力强烈，无论是带有花卉图案的陶瓷墙砖，还是装饰着花朵、鸟和树的柱状浮雕，都极其夺人眼球。这处装饰华丽的建筑是典型的晚期店屋风格(Late Shophouse Style)。排屋位于Farrer Park地铁站东侧，步行500米即可抵达。

苏丹清真寺（见119页）道路两旁的商铺

柜和一台嗞嗞作响的浓缩咖啡机：没有哪个地方会像这个老派的理发和文身室一样能够让你在新派的新加坡连声赞叹了。来这里理一次发（不能预约），或者用引人注目的新设计为自己美美容。这里的顶级艺术家是Rosman——一个以蜡染设计而闻名的爪哇人。（Hounds of the Baskervilles; ☎6299 1197; www.facebook.com/HoundsOfTheBaskervilles; 24A Bali Lane; 寸头/光头/剃须 S$15/40/35; ⏲周一至周五14:30~20:00，周六至19:00; Ⓜ Bugis）

Nrityalaya Aesthetics Society

课程

14 见116页地图，B8

经营关于传统印度艺术的课程和工作坊，如古典舞蹈、音乐、瑜伽和冥想，偶尔还举行表演。网站上的信息可能更新不及时，所以打电话或者到斯坦福德艺术中心（Stamford Arts Centre）亲自看看在你停留期间有什么活动。（☎6336 6537; www.nas.org.sg; Stamford Arts Centre, 155 Waterloo St; ⏲周一至周五10:30~18:30，周六和周日 9:00~19:00; Ⓜ Bugis）

就餐

Kilo

创意菜 $$$

15 见116页地图，E5

美食爱好者们非常喜爱这里的创意菜。在这里，你能吃到令人意想不到的菜肴，从牛舌炸玉米饼搭配苹果味噌卷心

菜沙拉，到山羊乳干酪和意大利乳清干酪团子搭配舞菇、棕色的味噌黄油和紫苏。这家餐馆有点儿难找，它位于加冷河（Kallang River）上的一座独栋的工业建筑的二楼；可以乘出租车去。（☎16:00以后 6467 3987；www.kilokitchen.com；66 Kampong Bugis；共享拼盘 S$15~28，主菜 S$26~48；⏰周一至周六 18:00~22:15；Ⓜ Lavender）

Lagnaa Barefoot Dining 印度菜 $$

16 见116页地图，B5

这是一家服务贴心的餐厅，食客可以根据自身情况选择辣味的程度：不管你选择的是哪种辣度，都可以吃到来自印度各地的令人欲罢不能的家常菜肴，你可以坐在楼下西侧的座位上大快朵颐，也可以在楼上的软垫上享用美食。如果你选择困难的话，就直接点一份主厨Kaesavan著名的马鲅鱼咖喱吧。（☎6296 1215；www.lagnaa.com；6 Upper Dickson Rd；菜肴 S$10~22；⏰11:30-22:00；📶；Ⓜ Little India）

Cicheti 意大利菜 $$

17 见116页地图，E7

Cicheti是一家非常酷炫的餐厅，装潢漂亮，氛围友好，挤满了年轻的比萨饼爱好者、时髦的食客，诱人的现代意大利菜肴都使用精心挑选的市场农产品烹饪而成。你可以大口品尝烤制得恰到好处的木火比萨饼，自制的意大利面，以及polpette di carne grana（慢火炖肉丸，顶上放着Grana Padana）等晚餐亮点菜肴。如果想要在周五或周六晚上前来，请提前一周预订。（☎6292 5012；www.cicheti.com；52 Kandahar St；比萨饼 S$17~25，主菜 S$24~38；⏰周一至周五 正午至14:30和18:30~22:30，周六 18:00~22:30；Ⓜ Bugis）

Zam Zam 马来西亚菜 $

18 见116页地图，D7

这些人自1908年就定居于此，他们的烹饪技术毋庸置疑。尽管如此，他们并没有自满，老板们仍然在努力地从街上拉客，而饱含激情的厨师们则在里面烹饪美味的印度煎饼（murtabak）——这家餐馆的特色开胃薄煎饼，里面放着多汁的羊肉、鸡肉、牛肉、鹿肉，甚至是沙丁鱼。（☎6298 6320；699 North Bridge Rd；印度煎饼 S$5起，菜肴 S$4~20；⏰7:00~23:00；Ⓜ Bugis）

Tekka Centre 小贩中心 $

19 见116页地图，A5

南亚次大陆的饮食风格在这个喧闹的小贩中心得以体现，牛鲜市场被悬挂着的内脏和砍开的骨头包围。排队去品尝货真价实的印度香饭（biryani）、多莎饼（dosa；扁豆粉薄饼）、印度抛饼（roti prata）和拉茶（teh tarik）。值得搜寻的还有**Ah-Rahman Royal Prata**（01-248，Tekka Centre，Serangoon Rd和Buffalo Rd交叉路口；印度薄饼 S$5起；⏰周二至周日 7:30~22:30；Ⓜ Little India），那里会抛出新加坡最美味的印度薄饼。（Serangoon 和Buffalo Rds交叉路口；菜肴 S$3~10；⏰7:00~23:00；🖉；Ⓜ Little India）

Azmi Restaurant 印度菜 $

20 见116页地图，B4

这家朴实无华的角落小餐馆毫无疑问是小印度品尝新鲜出炉的印度面包的最佳场所。你可以从摆放在橱柜里的一系列的咖喱中做出选择，然后决定你需要多少印度薄饼。座位是塑料凳，所以最好不要穿你最好的衣服。你还可以在角落里的另一个中国摊位上购买饮料。(Norris Rd Chapati; 1 Norris Rd, Serangoon Rd交叉路口; 菜肴 S$1.30~5.50, 印度薄饼 S$0.90; 7:30~22:30; Little India)

Bismillah Biryani 印度菜 $

21 见116页地图，B6

这个地方据说拥有新加坡最好的印度比尔亚尼菜，但这里的老板则更为自信，宣称这里"可能拥有世界上最好的印度比尔亚尼菜!"这里的特色菜是印度比尔亚尼羊肉，味道绝佳，甚至超过了入口即化的烤羊肉串。早点来：在打烊之前，最好的菜肴往往很早就被抢售而空。(9382 7937; www.facebook.com/Bismillah-Biryani-Singapore-134575666639087/; 50 Dunlop St; 烤肉串 S$4起，印度比尔亚尼菜 S$6起; 周三至周一 11:30~15:00和17:30~21:00; Little India, Rochor)

Komala Vilas 南印度菜 $

22 见116页地图，B5

这家Komala Vilas连锁店最主要的分店地理位置绝佳，由于价格实惠、味道正宗和菜量十足而深受欢迎。食物可能会有些辣，所以，要么让服务员降低辣度，要么点一份芒果印度酸奶来解辣。(9826 6742; www.komalavilas.com.sg; 76-87 Serangoon Rd; 菜肴 S$5~10; 7:00~22:30; ; Little India)

Warong Nasi Pariaman 马来西亚菜、印尼菜 $

23 见116页地图，E6

这个朴实无华的角落摊位售卖巴东饭(nasi padang; 咖喱米饭)，是一个传奇的地方。最热门的选择包括belado(用辣椒、洋葱和醋汁慢炖炸马鲛鱼)、精致的巴东牛肉和烤鸡(烤鸡配椰子酱)。在11:00之前到达这里，以避开人群。注意：一般在13:00点之前(周六10:00点之前)，食物就会全部卖光。(6292 2374; www.pariaman.com.sg; 742 North Bridge Rd; 菜肴 S$4.50起; 8:00~16:00; Bugis)

Cocotte 法国菜 $$$

24 见116页地图，C5

虽然Cocotte地处小印度，但这家时尚的店铺不但充满了红白蓝的法国色调，还供应丰富的法式酱汁。计划你的下一场法国探险吧，你可以吃一盘熟食(熟肉冷盘)、鲜嫩的红葡萄酒煮排骨，或者是招牌的烤鸡(poulet rôti; 一种烤得恰到好处的鸡肉，搭配时令蔬菜和丰富的汤汁)。(6298 1188; www.restaurantcocotte.com; Wanderlust Hotel, 2 Dickson Rd; 主菜 S$34~60; 周一至周四 正午至14:00和

LONELY PLANET/GETTY IMAGES ©

在Tekka Centre（见123页）用餐的人们

18:30~22:00，周五至周日 正午至14:30和18:30~22:30；📶；Ⓜ Rochor）

Piedra Negra

墨西哥菜 $$

25 见116页地图，E8

性感的拉丁舞、夸张的壁画，以及Haji Lane自由奔放的桌子：这个不拘一格的墨西哥餐馆是一个绝妙的地方，可以喝到便宜的鸡尾酒，还能看到夜间三三两两的行人。无论是加冰还是摇晃的玛格丽塔酒都非常有劲，而这里的墨西哥卷饼、油炸玉米粉饼、炸玉米饼和其他兼具墨西哥和美国西南风味的菜肴都是既实惠又美味。（☎6291 1297；www.facebook.com/Piedra.Negra.Haji.Lane；Beach Rd和Haji Lane交叉路口；主菜 S$11.90~21.90；⏰周一至周四 正午至次日0:30，周五和周六 正午至次日2:00；📶；Ⓜ Bugis）

Nan Hwa Chong Fish-Head Steamboat Corner

中国菜 $$

26 见116页地图，E6

如果品尝鱼头锅的机会只有一个，那就来这家喧闹宽敞的老店吧。木炭烹制的鱼头大锅热气腾腾地被端到你的面前，里面盛放着煎龙利鱼（tee po）鱼汤。一锅足够三四个人食用，配上米饭和配菜，足够更多人食用。（☎6297 9319；www.nanhwachong.com；812-816 North Bridge Rd；鱼汽锅 S$20起；⏰16:00至次日1:00；Ⓜ Lavender）

Moghul Sweets

甜点 $

如果你在找南亚次大陆的甜味刺激，那么小印度拱廊（2 见116页地图，A5）小小的Moghul就是你要找的地方。咬一口甘美的玫瑰奶球（gulab jamu；糖浆炸面团）、比较难找到的甜奶球（rasmalai；印度奶酪浸小豆蔻凝奶油）和印度奶酪蛋糕（barfi；浓缩的奶糖薄片），口味有开心果、巧克力……胡萝卜。（6392 5797；01-16, Little India Arcade, 48 Serangoon Rd；甜点 S$1起；9:30~21:30；M Little India）

Ananda Bhavan

印度菜 $

这家超级便宜的连锁餐馆位于Tekka Centre（19 见116页地图，A5），是品尝南亚早餐主食的最佳地点，比如蒸米糕（idly）和多莎饼（扁豆粉薄饼；菜单上的拼写是“thosai”）。这里还有物超所值的塔利（thali）。在小印度周围还有其他分店，都像这间店铺一样朴实无华，并且所有店铺都承诺为人们提供美味、健康的素食食品。（6295 9895；www.anandabhavan.com；58 Serangoon Rd；多莎饼 S$2.60~5.20，套餐 S$6~10；周一至周四 7:30~22:00，周五至周日 至22:30；；M Little India）

亚坤咖椰吐司

咖啡馆 $

27 见116页地图，C8

这家备受欢迎的当地连锁店位于Bugis Junction商场的地下美食大厅里，是品尝当地传统早餐（咖啡）和椰浆面包的好地方，货真价实。在吃烤面包之前，别忘了加几滴酱油和黑胡椒粉，蘸着溏心蛋食用。千万别被门口的长队吓跑——他们通常动作很快。（Ya Kun Kaya Toast；6238 8904；www.yakun.com；B1-11, Bugis Junction, 230 Victoria St；椰浆面包套餐 S$4.80；7:30~22:00；M Bugis）

Symmetry

咖啡馆 $$

28 见116页地图，E6

生锈的横梁、休闲的灯光，播放着独立音乐，Symmetry感觉就像是一个用来供乐队演奏的车库。不过，这里的一切都与食物、咖啡和啤酒相关。周末的早午餐需要提前预订，美味的食物包括味噌和姜汁烤马鲛鱼、猪肉馅的牛角包，以及令人满意的Eggs Sur Le Plat（搭配猪肉香肠、烟熏红辣椒、樱桃番茄酱和奶油菠菜）。（6291 9901；www.symmetry.com.sg；9 Jln Kubor；早午餐 S$16~29；周一 10:30~21:00，周二至周四 至23:00，周五至午夜，周六 9:00至午夜，周日 至19:00；；M Bugis）

QS269 Food House

小贩中心 $

29 见116页地图，B8

与其说是“美食屋”，不如说是一条嘈杂拥挤的室内小巷，两旁分布着颇受欢迎的摊位。在**Ah Heng**（www.facebook.com/AhHengChickenCurryNoodles；菜肴 S$4起；周六至周四 8:00~16:30）吃一碗备受赞誉的咖喱-椰浆面条汤，出一身汗，或者加入**New Rong Liang Ge**（Stall 01-235；菜肴 S$2.50起；9:00~20:00）的排队队伍，那里多汁的烤鸭吸引了来自全城的美食家。这条小巷在大楼的一侧。（Block

269B, Queen St; ⏲摊位时间变化不定; Ⓜ Bugis)

饮品

Maison Ikkoku 鸡尾酒吧

30 见116页地图，E7

Maison Ikkoku的咖啡馆为其优质的咖啡摇旗呐喊，里面有许多悬挂式的咖啡机，其中包括凯美克斯（Chemex）、虹吸管、冷滴、V60、爱乐压和季节性混合浓缩咖啡。真正的魔法在楼上的鸡尾酒吧里上演，在那里，如果你想喝点儿酸的，可以点一个果馅饼，麻辣杜松子酒，葡萄、柠檬和日本辣椒丝。虽然价格不菲，但非常值得一尝。（☎6294 0078; www.maison-ikkoku.net; 20 Kandahar St; ⏲咖啡馆 周一至周四 9:00~21:00，周五和周六 至22:00，周日 至19:00，酒吧 周日至周四 18:00至次日1:00，周五和周六 至次日2:00; 📶; Ⓜ Bugis）

Beast 酒吧

31 见116页地图，E6

如果你想要喝一些烈酒，又只有波旁威士忌可以选择的话，那就从生锈的鼓旁边拉出一把凳子，在Beast的众多酒中挑选一种，其中有自酿的金馥力娇酒（Southern Comfort）。厨房里还供应令人垂涎欲滴的美国南方腹地（American Deep South）风味的食物；炸鸡和华夫饼非常不错。（☎6295 0017; www.thebeast.sg; 17 Jln Klapa; ⏲周一至周三和周六 17:00至午夜，周四和周五 至次日1:00，周日 10:00~17:00; Ⓜ Bugis）

当地生活

惹兰勿刹

曾因其五金商店和拳击比赛而闻名于世的惹兰勿刹（Jalan Besar），正逐渐变成一个传统建筑与新派新加坡建筑相碰撞的地区。这是一个紧凑的地区，以Jalan Besar和Tyrwhitt Rd为中心，在Tyrwhitt Rd，你可以找到长期以来备受欢迎的咖啡馆烘焙室**Chye Seng Huat Hardware**（☎6396 0609; www.cshhcoffee.com; 150 Tyrwhitt Rd; ⏲周二至周五 9:00~19:00，周六和周日 至22:00; Ⓜ Farrer Park, Lavender）。

就在它的上方，坐落着一家名为Tyrwhitt General Company的商店，销售手工制作的珠宝、艺术品和小摆设。如果是在下午晚些时候，你可以到附近的啤酒馆**Druggists**（☎6341 5967; www.facebook.com/DruggistsSG; 119 Tyrwhitt Rd; ⏲周二至周五 16:00至午夜，周六和周日正午至午夜; Ⓜ Farrer Park, Lavender）放松一下。这里的23个龙头里可以接出来自世界各地的微型啤酒厂的精酿啤酒。

如果想要到达惹兰勿刹，可以在Lavendar MRT下车，然后沿着Horne Rd向西北方向走到Tyrwhitt Rd。

DOUBLEPHOTO STUDIO/SHUTTERSTOCK ©

Haji Lane上绘有Piedra Negra（见125页）涂鸦的墙壁

Artistry

咖啡馆

32 见116页地图，D7

杀手级咖啡、巡回的艺术展和每月一次的闲暇活动，包括创作歌手之夜：这些令Artistry成为文化沙龙中的时髦版。畅饮有趣的手工啤酒和苹果酒，或者大嚼新鲜美味的小吃（提供至17:00），比如BRB（蓝莓、意大利乳清干酪和培根）煎饼或跨文化的香辣蟹汉堡。（☎6298 2420; www.artistryspace.com; 17 Jln Pinang; ⏲周二至周六9:00~23:00，周日至16:00; ; MBugis）

Bar Stories

鸡尾酒吧

33 见116页地图，D7

如果在一周的后几天去的话，须提前打电话——楼上的鸡尾酒吧虽小，名气却很大。如果你幸运的话，可以坐在吧台旁边，热心的调酒师在调酒方面自成一派，可以把任何烈酒或口味变成一种极好的酒品。这里极具创意，异想天开，通常非常奇妙。（☎6298 0838; 55/57A Haji Lane; ⏲周日至周四 16:00至次日1:00，周五和周六至次日2:00; MBugis）

Prince of Wales

小酒馆

34 见116页地图，B5

这个破旧的澳洲小馆是小印度最像小酒馆的地方，非常温馨也很受欢迎。这里有一个小啤酒花园、一个台球桌和一个体育屏幕。每周的主要节目包括周三晚上的问答之夜（晚上8点开始）和周四晚上可以随意饮用的招牌酒（男士/女士S$28/24）。这里还兼做**青年旅舍**（铺/双S$20/60；❄@📶）。（☎6299 0130；www.pow.com.sg；101 Dunlop St；⏰周日至周四9:00至次日1:00，周五和周六 至次日2:00；Ⓜ Little India，Rochor）

娱乐

Going Om
现场音乐

35 ⭐ 见116页地图，D7

Going Om是一家大胆脱俗、自由奔放的咖啡馆，位于Haji Lane小巷，每晚都有现场音乐表演。这个地方很有氛围，有烛光朦胧的餐桌，和谐悦耳的音响设备（大部分都被保护得很好），而且也不乏在小巷上跳舞的无忧无虑的顾客。其波希米亚风格延伸到了饮品单上，其中包括七种颜色的"chakra"（每人仅限一杯）。（☎6396 3592；www.going-om.com.sg；63 Haji Lane；⏰周二至周四 17:30至次日1:00，周五 17:30至次日3:00，周六 15:30至次日3:00，周日 15:30至次日1:00；Ⓜ Bugis）

BluJaz Café
现场音乐

36 ⭐ 见116页地图，D7

波希米亚式的酒馆BluJaz是城里聆听现场音乐的最佳选择之一，定期有爵士即兴演奏及其他各种演出，从布鲁斯到乡村摇滚，不一而足。登录网站，查看活动节目单，其中包括DJ打碟的放克、节奏布鲁斯和复古之夜，以及周三和周四的"Talk Cock"开麦喜剧夜。有些节目会收取一些费用。（☎9199 0610；www.blujazcafe.net；11 Bali Lane；⏰周一至周四 正午至次日1:00，周五 至次日2:00，周六 15:00至次日2:00；📶；Ⓜ Bugis）

SingJazz Club
爵士乐

37 ⭐ 见116页地图，E6

优美的萨克斯，低声吟唱的歌手，偶尔还有灵魂音乐、放克音乐、拉丁音乐和家庭音乐在这个温馨的爵士酒吧里上演，许多当地人和游客都会来这个挂着红帘子的舞台观看表演。请勿穿短裤和拖鞋。登录该夜店的Facebook主页了解近期的演出。（☎8481 3034；www.facebook.com/singjazzclub；Sultan Hotel，101 Jln Sultan；⏰周三至周日 9:00至次日1:00；Ⓜ Bugis）

Hood
现场音乐

38 ⭐ 见116页地图，C8

位于Bugis+商场里面，Hood的街头

当地生活

电影院的宝莱坞电影

在哪里能看到小印度到处都在宣传的宝莱坞大片？那一定是在**雷克斯电影院**（Rex Cinemas；见117页地图，A6；http://tickets.rexcinema.com.sg；2 Mackenzie Rd；票价 $13；Ⓜ Little India）。这个历史悠久的剧院位于该街区的边缘，放映来自南亚次大陆的电影，大部分都是英文字幕。

艺术风格的内部有一种非常年轻的氛围，每天晚上的音乐表演时间都是人潮拥挤，比如“尖峰时刻（Rush Hour）”和“上周五的味道（Smells Like Last Friday）”。如果想要展示自己的才华，那么，每周的“周六原创课程（Saturday Original Sessions）”就是那些渴望分享自己技能的创作型歌手初露头角的机会。（☎6221 8846；www.hoodbarandcafe.com；05-07, Bugis+, 201 Victoria St；⏲周一至周三 17:00至次日1:00，周四和周五 至次日3:00，周六 正午至次日3:00，周日 至次日1:00；Ⓜ Bugis）

Singapore Dance Theatre 舞蹈

39 ☆ 见116页地图，C8

这是新加坡首屈一指的舞蹈公司的总部，粉丝们为这里的经典芭蕾舞剧和当代作品而着迷，其中很多都是在滨海艺术中心（见63页）演出的。真正的亮点是该集团在福康宁公园（见52页）上演的芭蕾舞剧《在星空下》，通常在6月或7月举行。登录网站了解详细信息。（☎6338 0611；www.singaporedancetheatre.com；Level 7, Bugis+, 201 Victoria St；Ⓜ Bugis）

Wild Rice 剧院

40 ☆ 见116页地图，A4

新加坡最性感的剧团的基地在Kerbau Rd，但也在其他城市（以及国外）演出。国产和外国的作品从搞笑到严肃的政治题材都有涉猎，甚至还大胆地涉及一些在新加坡议程中不常见的问题。（☎6292 2695；www.wildrice.com.sg；65 Kerbau Rd；Ⓜ Little India）

购物

Sifr Aromatics 香水

41 🔒 见116页地图，E8

这个禅宗式的香水实验室属于第三代香水师Johari Kazura，其精美的香水包括令人兴奋的East（50ml S$185）——混合了沉香、玫瑰纯油、琥珀和橙花油的香味。这里的重点是定制香水（提前打电话预约），以及其他令人愉快的产品，包括价格实惠、品质上乘的身体乳霜、香薰蜡烛和古典香水。（☎6392 1966；www.sifr.sg；42 Arab St；⏲周一至周六 11:00~20:00，周日 至17:00；Ⓜ Bugis, Nicoll Hwy）

Supermama 礼品和纪念品

42 🔒 见116页地图，E8

这家画廊般的商店位于Arab St的街角，是一个现代礼品的宝库。你可以一边走在嘎吱作响的沙砾地板上，一边仔细欣赏新加坡风格的陶器，大部分都是由当地设计师设计的。日本制造的蓝白细瓷碟是这里的头牌商品。

其他分店位于新加坡美术馆（见32页）和Esplanade Mall。（☎6291 1946；www.supermama.sg；265 Beach Rd；⏲11:00~20:00；Ⓜ Bugis）

GRACETHANG2/SHUTTERSTOCK ©

Haji Lane的时装店（见133页）

Tuckshop & Sundry Supplies 时装和饰品

43 见116页地图，D7

这家复古风格的小型男装店是对美国工人阶级文化的颂歌，销售一系列耐穿的服装和饰品，包括设计师眼镜、美容产品和定制的皮革制品。你可以在日本的Iron Heart和中国的Red Cloud等品牌中买到格子衬衫、运动衫和很难找到的牛仔服。（☎6396 4568；www.tuckshopsundrysupplies.com；25 Bali Lane；⏰周一至周六11:00~21:00，周日 正午至18:00；Ⓜ Bugis）

Little Shophouse 艺术品和手工艺品

44 见116页地图，E7

传统的土生华人串珠饰品是一种即将消亡的艺术，但在这家商店和工作坊里却一直保持着活力。这家商店五颜六色的拖鞋是由工匠Robert Sng设计的，并且都是由他和他的妹妹艾琳（Irene）亲手制作而成。它们价格不菲（约S$1000），每一双都要花上100个小时才能完成。你还会发现土生华人风格的茶具、陶器、花瓶、手袋和珠宝。（☎6295 2328；43 Bussorah St；⏰10:00~18:00；Ⓜ Bugis）

了解当地

新加坡餐桌

美食是新加坡最大的吸引力。新加坡是一个文化的大熔炉，因此，这里有极具多样化、诱人的美食。

中国菜

这里有来自海南的海南鸡饭（用鸡汤烹饪的蒸鸡和米饭，搭配清汤和辣椒蘸酱食用）、闽南的福建炒面（用大虾烹饪的黄色闽南面条）和炒粿条（用鸟蛤、中国香肠和黑酱烹饪的炒面）。潮州的菜肴以粥闻名，而经典的粤菜则包括上汤云吞。

马来西亚菜和印度尼西亚菜

你可以吃到加东叻沙（用面条、大虾、鸟蛤、鱼饼、豆芽和叻沙叶烹饪的辛辣的椰子咖喱）、ikan assam（酸罗望子咖喱煎鱼）和椰浆饭（nasi lemak；椰子米饭搭配炸鱼和花生）。同样令人垂涎的是巴东饭（nasi padang），即蒸米饭搭配肉和蔬菜，如香辣印尼豆腐豆豉（sambal tofu-tempeh）。

土生华人菜

土生华人（娘惹）食物是中国和马来风味的跨文化融合。菜肴味道浓烈、辛辣，通常使用辣椒、青葱、峇拉煎（马来酸豆酱）、腌黄豆、花生、椰奶和高良姜（一种像姜一样的根类植物）烹饪而成。经典菜肴包括鱼肉乌达（otak-otak）——一种像香肠一样的食物，用鱼、椰奶、辣椒酱、高良姜和香草在香蕉叶中烤制而成。

印度菜

南印度的菜肴都是辛辣口味。人们会把米、咖喱、rasam（酸辣汤）和放在香蕉叶上的甜点混合在一起，放在大浅盘中上菜。留点肚子品尝印度煎饼（用咖喱酱烹饪的炒面饼）、马沙拉薄饼（masala dosa；用香料土豆和酸辣酱烹饪的薄煎饼）和清真（穆斯林）的印度煎饼（烤面团，里面的馅料是洋葱和经过调味的肉类食品，通常是羊肉）。

Sim Lim Square

电子产品、商场

45 见116页地图，B6

Sim Lim是廉价和极客的代名词，挤满了出售笔记本电脑、摄影机、声卡和游戏机的摊位。如果你确定了解自己的需求，可以来这里交易，但不懂行的人可能会力所不及。拼命砍价（但要礼貌），而且一定要查看保修单是否适用于你居住所在地。（☎6338 3859；www.simlimsquare.com.sg；1 Rochor Canal Rd；⏲10:30~21:00；Ⓜ Rochor）

Bugis Street Market

市场

46 见116页地图，C8

这里曾经是新加坡最臭名昭著的低俗场所——充斥着休养的外籍军人、赌场和异装癖者——如今是最著名的室内街头市场，到处是便宜的服装、鞋子、饰品，以及受年轻人欢迎的美甲师。作为向其过往的致敬，这里甚至还有一家成人用品店。（☎6338 9513；www.bugisstreet.com.sg；3 Bugis St；⏲11:00~22:00；Ⓜ Bugis）

Mustafa Centre

百货商店

47 见116页地图，C3

小印度的Mustafa Centre熙熙攘攘，是经济型购物者的聚集中心，他们大多来自南亚次大陆。这里是个庞大无序的地方，从电子产品和花哨的金首饰到鞋子、包、行李箱和美容产品，出售的商品一应俱全。还有一家出售各种印度食品的大型超市。如果你不喜欢拥挤，就不要在周日前来。（www.mustafa.com.sg；145 Syed Alwi Rd；⏲24小时；Ⓜ Farrer Park）

当地生活

Haji Lane

狭窄、色彩缤纷的**Haji Lane**（见117页地图，E8）有几家奇特的精品店。在**Soon Lee**（☎6297 0198；www.facebook.com/soonlee.singapore；73 Haji Lane；⏲正午至21:00；Ⓜ Bugis）可以买到少女服装，而在概念商店**Mondays Off**（www.mondays-off.com；76 Haji Lane；⏲周二至周五 正午至20:00，周六和周日 10:00开始营业；Ⓜ Bugis），你可以淘到从当地的现代陶瓷和时髦的垫子，到艺术杂志和摆放着这些东西的货架，应有尽有。

探索

圣淘沙岛

圣淘沙岛的环球影城自带明星光环，是一座巨大的欢乐岛（Pleasure Island）。这里的游乐设施，从双轨过山车和室内跳伞到特技表演和雪橇赛车，都会使你晕头转向。这里还有历史悠久的炮台、最先进的水族馆、伊维萨岛（Ibiza）风格的海滨酒吧和餐馆，这也是当地人云集于此的原因。

一日游行程

一天内游览完圣淘沙的所有景点很不现实，所以选择一些景点，尽情游览吧。在轰动一时的好莱坞主题公园**环球影城**（见136页）骑自行车、观看表演、品尝美食，尽情购物，不知不觉就会度过一整天。

在**马来西亚美食街**（Malaysian Food Street；见142页）享用马来西亚最受欢迎的小贩美食，然后在环球影城度过下午的美好时光。你还可以深入探索**海洋水族馆**（SEA Aquarium；见139页），在**西乐索炮台**（Fort Siloso；见140页）重温一下当地历史，或者让小家伙们在**KidZania**（见141页）嬉戏玩耍。刺激肾上腺素的活动包括**iFly**（见139页）的室内跳伞，以及**圣淘沙斜坡滑车**（见141页）上的雪橇赛车，喜欢泡在水里的人们可以前往**Wave House**（见140页）。

日落时分，在**Coastes**（见143页）或**Tanjong Beach Club**（见142页）喝一杯莫吉托或啤酒，然后在海滨的**Mykonos on the Bay**（见142页）用餐。如果想要体验浪漫的氛围和精致的菜肴，可以在山顶的**Il Lido at the Cliff**（见141页）预订一张餐桌。

顶级景点

环球影城（见136页）

新加坡最佳

就餐和饮品

Il Lido at the Cliff（见141页）

马来西亚美食街（见142页）

Knolls（见142页）

Tanjong Beach Club（见142页）

活动

环球影城（见136页）

iFly（见139页）

Wave House（见140页）

到达和离开

缆车 从花柏山（Mt Faber）或港湾中心（HarbourFront Centre）乘坐缆车前往圣淘沙岛。[在圣淘沙有一条独立的缆车线路，经停英比奥山顶景区（Imbiah Lookout）、鱼尾狮像（Merlion）和西乐索角（Siloso Point）。]

单轨列车 圣淘沙快车（Sentosa Express；7:00至午夜）从VivoCity开往圣淘沙岛上的三个车站：滨水站（Waterfront）、英比奥站（Imbiah）和海滩站（Beach）。

徒步 只需从VivoCity步行穿过圣淘沙跨海步道（Sentosa Boardwalk）。

顶级景点
环球影城

想要获得纯粹的乐趣吗？那么就去环球影城吧。这里是圣淘沙名胜世界（Resorts World）里最吸引人的景点，飞车、过山车、表演、商店和餐馆都以人们最喜欢的好莱坞电影为蓝本巧妙融合，打造出梦幻世界主题。吸引人的设施既有适合儿童的，也有令成人心惊肉跳的。这里的城堡、寺庙、丛林、复古的美国片和科幻片构成一幅故事书中的画面。

见138页地图，D2

6577 8888

www.rwsentosa.com

Resorts World, 8 Sentosa Gateway

成人/儿童 S$81/61

10:00~18:00

HarbourFront，坐单轨电车前往水滨（Waterfront）

不要错过

太空堡垒卡拉狄加

如果你是一个寻求刺激的狂热者，那就尝试一下太空堡垒卡拉狄加（Battlestar Galactica）吧，这是世界上最高的双轨过山车。你可以从HUMAN和CYLON过山车中做出选择，后者是反向过山车，有多个循环和翻转。如果你能把你的注意力从（你和别人的）尖叫声中抽离出来，你就能够拥有鸟瞰世界的视角。

变形金刚3D过山车（Transformers: The Ride）

这一全新的运动装置令人称赞，它运用了高清的3D动画技术，将游客带进一个黑暗的、都市化的异域世界。在那里，你将与巨大的机器人搏斗，进行高速的追逐，甚至从高耸的摩天大楼边缘跌落。这是一种令人难以置信的、逼真而又刺激的体验。

木乃伊复仇过山车

公园中古埃及区的主要吸引力是木乃伊复仇过山车，你将在黑暗之中摇晃、翻转和跳跃，寻找生命之书（Book of the Living）。与好莱坞的惯例相反，你的旅行将以一种出人意料的、激烈的方式结束。

穿靴子的猫大冒险

这个悬浮过山车非常平稳，特别适合小孩子，你可以与穿靴子的猫（Puss in Boots）和他的女朋友软爪妞（Kitty Softpaws）一起寻找鹅妈妈（Mother Goose）珍贵的金蛋。过程中的细节非常美妙；坐在最后一排会让你更加兴奋。

☑ 独家贴士

- 如果你不想排队，可以考虑领取一张快速通行证（S$50），这样你就可以找到能够最快体验的项目。
- 周五至周日最为繁忙，周三上午通常最为安静。尽量避免在公众假期前来。
- 最好穿人字拖，尤其是在游览以水为主题的游乐设施时。

吃喝落脚点

如果你是和一群人一起旅行的话，可以前往**Loui's NY Pizza Parlor**（20寸的比萨饼 S$49）用餐。

马来西亚美食街（Malaysian Food Street；见142页）就在环球影城入口的外面。如果你想重新进入主题公园，一定要戴上一个腕带。

A
B
C
D
E
1
2
3
4
Pulau Brani
Brani Terminal Ave
Selat Sengkir
Sentosa Gateway
Causeway Bridge
Gateway Ave
Serapong Golf Course
Allanbrooke Rd
Bukit Manis Rd
Tanjong Golf Course
Tanjong Beach
Keppel Harbour
Universal Studios 环球影城
Resorts World
SEA Aquarium 海洋水族馆
Artillery Ave
The Knolls
KidZania
Imbiah
Waterfront
Merlion Plaza
Sentosa Cable Car Station 圣淘沙缆车车站
Cable Car Rd
Beach View
Beach
Palawan Beach
Images of Singapore Live 万象新加坡
iFly
Skyline Luge Sentosa 圣淘沙斜坡滑车
Imbiah Walk
Mt Imbiah
Siloso Rd
Wave House
MegaZip
Siloso Beach 西乐索沙滩
Fort Siloso 西乐索炮台
Sebarok Channel
500 m
0.25 miles
详细介绍请见
顶级景点 136页
景点 139页
就餐 141页
饮品 142页
娱乐 143页

海洋水族馆里的热带鱼

景点

海洋水族馆

水族馆

1 见138页地图，D1

在新加坡令人印象深刻的水族馆里，你会看到800多种水生生物。这个先进的建筑群再现了东南亚、澳大利亚和非洲的49个水生动物栖息地。Open Ocean栖息地特别壮观，它36米长、8.3米高的观赏窗是世界上最大的。这里探索海上丝绸之路历史的交互式展览非常适合儿童观看。（SEA Aquarium；☎6577 8888；www.rwsentosa.com；Resorts World，8 Sentosa Gateway；成人/13岁以下儿童 S$41/30；⏲10:00~19:00；Ⓜ HarbourFront，换乘单轨至Waterfront）

iFly

探险运动

2 见138页地图，C2

如果你喜欢从3660米的高空下落到914米，而又不想从飞机上跳下来，那么就进入这个室内跳伞中心吧。门票价格包括一个小时的操作指导，然后是在垂直的风箱里进行两次短暂但令人兴奋的高空跳。在非高峰时期，提前两天购买门票要便宜得多。登录网站了解详情。（☎6571 0000；www.iflysingapore.com；43 Siloso Beach Walk；2次高空跳 S$99；⏲周四至周二 9:00~21:30，周三 11:00开门；Ⓜ HarbourFront，换乘单轨列车至Beach）

西乐索炮台

博物馆

3 见138页地图，A1

这家博物馆的历史可以追溯至19世纪80年代，那时圣淘沙还被叫作绝后岛（Pulau Blakang Mati；马来语的意思是"岛屿后面即是绝境"），这座英国的海岸要塞因日本1942年入侵时一击即溃而闻名于世。档案、文物、动画和重现的历史画面向游客详细讲解了要塞的历史，有趣的地道值得一探。购买Surrender Rooms的门票可以一览新加坡历史上的两个重要时刻：1942年英国向日本投降，1945年日本向英国投降。[Fort Siloso；6736 8672；www.sentosa.com.sg；Siloso Point，Siloso Rd；免费，投降纪念馆（Surrender Chambers）成人/13岁以下儿童S$6/4.50；10:00~18:00，最后入场17:30；HarbourFront，换乘单轨列车至Beach，转乘1路或2路公共汽车至Siloso Point]

独家贴士

电车和公共汽车

圣淘沙海滩电车往返于圣淘沙的三个海滩——西乐索海滩、巴拉湾海滩和和丹戎海滩，运营时间是周日至周五的9:00~22:30，周六的9:00至午夜。三种颜色编码的公共汽车线路将主要景点连接起来。1路和3路公共汽车的运营时间是每天的8:00~22:30，2路公共汽车的运营时间是每天的9:00~22:30。所有的线路都从Beach单轨车站东侧的公共汽车站发车。单轨电车、有轨电车和公共汽车都是免费的。

Wave House

冲浪

4 见138页地图，B2

Wave House是冲浪热门地，两座经过特别设计的冲浪池让各类冲浪者可以练习冲浪动作。非卷浪的双人冲浪模拟器适合初学者，3米的圆筒海浪模拟器则更具有挑战性。Wave House还有海滨餐饮选择。（6238 1196；www.wavehousesentosa.com；36 Siloso Beach Walk；30分钟圆筒海浪模拟器冲浪课程 S$30，1小时双人冲浪模拟器冲浪课程 S$35起；10:30~22:30；HarbourFront，换乘单轨铁路至Beach）

万象新加坡

博物馆

5 见138页地图，C2

万象新加坡利用演员的表演、逼真的展览和令人难忘的声光效果重现了新加坡的历史——从简陋的马来渔村到繁华的殖民地港口，等等。小孩子会特别喜欢Spirit of Singapore Boat Ride，这是一场迷幻的高科技旅行，感觉就像是一个小型的"阿凡达"。在线购票的价格会便宜S$10。[Images of Singapore Live；6715 4000；www.imagesofsingaporelive.com；40 Imbiah Rd；成人/13岁以下儿童 含杜莎夫人蜡像馆（Madame Tussauds）S$39/29；周一至周五 10:00~18:00，周六和周日至19:30；HarbourFront，转乘单轨至Imbiah）]

MegaZip

探险运动

6 见138页地图，B2

这个长450米、高75米的飞索是Mega Adventure游乐园的一部分，从英比奥山顶景区（Imbiah Lookout）一直延伸到紧邻西乐索海滩（Siloso Beach）的小岛上。或者，你还可以征服落差为15米的Leap of Faith，或者攀上16米高的攀岩墙。这里的游绳探险课程会让你感觉自己像人猿泰山（Tarzan）一样，不过需要绑上吊带。（www.megazip.com.sg；Imbiah Hill Rd；飞索滑翔 S$39.90；⏲11:00~19:00；Ⓜ HarbourFront，转乘单轨至Beach）

KidZania

游乐园

7 见138页地图，C2

在这个巨大的室内儿童城内，孩子们可以扮演成人的角色。这里由不同的"工作场所"组成，孩子们可以尝试他们的梦想工作，从飞机飞行员到糖果设计师，甚至是犯罪现场调查员。父母只能观看，这也就意味着等待。不过，观察你的孩子如何成为一名消防队员也是非常值得的。周末人流较多。（☎1800 653 6888；www.kidzania.com.sg；01-01/02 Palawan Kidz City，31 Beach View；成人/18岁以下儿童/2~3岁幼儿 S$58/35/25；⏲周日至周四10:00~17:00，周五和周六 至20:00）

圣淘沙斜坡滑车

探险运动

8 见138页地图，C2

乘坐空中缆车从西乐索海滩前往英比奥山顶景区，然后跳上你的滑板车（赛车与平底雪橇的结合），和家人与朋友向前冲刺，沿着惊心动魄的轨道径直穿过森林（提供头盔，必须佩戴）。小孩子会喜欢这个项目。患有心脏病或腰病的人不宜乘坐。（Skyline Luge Sentosa；☎6274 0472；www.skylineluge.com；45 Siloso Beach Walk；雪橇和空中飞车 S$18起；⏲10:00~21:30；Ⓜ HarbourFront，转乘单轨至Beach）

PTSCHELINZEW/GETTY IMAGES ©

在Wave House冲浪

就餐

Il Lido at the Cliff

各国风味 $$$

9 见138页地图，E4

位于巴拉湾海滩（Palawan Beach）上方的高处（但树木遮蔽了一些风景），优秀的餐馆Il Lido at the Cliff坐落在奢华的

索菲特酒店(Sofitel)梦幻的游泳池旁边。提前两周才能预订到阳台边上令人梦寐以求的餐桌,在那里品尝经典的意大利菜,再配上来自世界各地的葡萄酒,令人回味无穷。(☎6708 8310; www.sofitel-singapore-sentosa.com; Sofitel Sentosa Resort & Spa, 2 Bukit Manis Rd; 主菜 S$28~48; ⏰正午至14:30和18:00~21:30; Ⓜ HarbourFront, 转乘单轨至Beach, 转乘3路公共汽车)

马来西亚美食街

小贩中心 $

这个室内小贩中心仿照马来西亚的街景建造,位于环球影城(1 见138页地图,D1)旁边,有点迪士尼的感觉。值得庆幸的是,这里的食物货真价实,都是由马来西亚最好的摊贩们烹制的。(Malaysian Food Street; www.rwsentosa.com; Resorts World; 菜肴 S$5起; ⏰周一至周四 11:00~22:00, 周五和周六 9:00~23:00, 周日 9:00~22:00; Ⓜ HarbourFront, 转乘单轨至Waterfront)

> 当地生活
>
> **在Knolls享用早午餐**
>
> 在新加坡,可以随意饮酒的周日早午餐非常丰盛,时髦而隐蔽的**Knolls**(见138页地图,D3; ☎6591 5046; www.capellahotels.com/singapore; Capella, 1 The Knolls; 周日早午餐 S$128起,儿童餐 S$48起; ⏰7:00~23:00, 周日早午餐 12:30~15:00; Ⓜ HarbourFront, 转乘单轨至Beach, 再转乘3路公共汽车至Ranger Station)的早午餐(S$148)是最好的选择之一。穿上时髦的衣服,随着阔步前来的食客、闲庭散步的就餐者和互相打量的人群前往此地,享用美味的自助餐,菜肴包括新鲜打捞的牡蛎、蓝纹奶酪、南瓜冰激凌,以及焦糖鹅肝。

Mykonos on the Bay

希腊菜 $$

10 见138页地图,E3

这个时髦的海滨餐馆位于圣淘沙湾(Sentosa Cove),供应希腊风味的菜肴,让你欲罢不能。你可以坐在室外,细细品尝火候恰到好处的烤肉、腌制的章鱼、茄子饼和自制的香辣羊肉香肠(giaourtlou)。周末请提前预订。(☎6334 3818; www.mykonosonthebay.com; 01-10 Quayside Isle, 31 Ocean Way; 餐前小吃 S$9~27, 主菜 S$23~48; ⏰周一至周三 18:00~22:30, 周四和周五 正午至14:30和18:00~22:30, 周六和周日 正午至22:30; ✍; Ⓜ HarbourFront, 转乘单轨至Beach, 转乘3路公共汽车)

饮品

Tanjong Beach Club

酒吧

11 见138页地图,E4

与西乐索海滩的酒吧相比,Tanjong Beach Club更酷,更有特色。这里是一个令人回味的地方,为顾客准备了夜间沙滩火把、时尚的小型游泳池和迷人而休闲

MJ PROTOTYPE/SHUTTERSTOCK ©

西乐索海滩

的音乐。餐厅供应流行的海滨食物和丰盛的周末早午餐。周日的时候，甲板上还有DJ表演和舞蹈表演。（☎9750 5323；www.tanjongbeachclub.com；120 Tanjong Beach Walk；⏰周二至周五 11:00~22:00，周六和周日 10:00~23:00；Ⓜ HarbourFront，转乘单轨至Beach，然后再转乘电车至Tanjong Beach）

Coastes

酒吧

12 见138页地图，B2

与许多其他海滩酒吧相比，Coastes更加适合儿童，水边棕榈树成荫的沙滩上有野餐桌和太阳椅（S$20）。这里有一个全面的标准菜单，包括汉堡、意大利面和沙拉。（☎6631 8938；www.coastes.com；50 Siloso Beach Walk；⏰周日至周四 9:00~23:00，周五和周六 至次日1:00；Ⓜ HarbourFront，转乘单轨至Beach）

娱乐

时光之翼

剧院

13 见138页地图，C3

这个在海上展开的震撼人心的表演将劳埃德·韦伯（Lloyd Webber）的戏剧风格与令人惊叹的声音、灯光和激光融合在一起。做好窒息、昏厥和（偶尔）局促不安的准备。（Wings of Time；☎6736 8672；www.wingsoftime.com.sg；Siloso Beach；标准座/商务座 S$18/23；⏰表演 19:40和20:40；Ⓜ HarbourFront，转乘单轨至Beach）

顶级景点

新加坡动物园

到达和离开

新加坡动物园位于中央商务区西北22公里处。

Ⓜ**新加坡地铁** 乘坐北—南方向的新加坡地铁(红色线路),在Ang Mo Kio站下车,然后乘坐138路公共汽车前往动物园。

新加坡动物园是一个苍翠繁茂的热带仙境,这里有辽阔的天然围墙、自由徜徉的动物和互动式景点。你可以和猩猩一起享用早餐,躲闪马来西亚狐蝠,与趴在树上的树懒玩耍,甚至可以到仿制的非洲村庄附近打探一番。而且这里还有一处地点:从宁静、淳朴的半岛伸入实里达蓄水池上段(Upper Seletar Reservoir)水域的26公顷,令人舒缓。即使你不热衷于参观动物园,新加坡动物园仍会让你大开眼界。

不要错过

与野生动物在丛林中共进早餐

猩猩（如图）是动物园的著名居民，你可以在**Jungle Breakfast with Wildlife**（Ah Meng Restaurant；⌚9:00~10:30）和它们一起享用早餐自助餐。如果你错过了这个地方，可以在附近的Free Ranging Orang-utan Island（11:00和15:30）和它们一起拍照。可以使用自己的相机拍照。

苍翠繁茂的森林

这个巨大的生物穹顶复制了热带雨林的植物层。漫天飞舞的蝴蝶，五彩缤纷的鹦鹉，来去自如的马来西亚狐蝠，以及不慌不忙的环尾狐猴一起穿过小路。顺着小路，可以通往林冠，还能看到穹顶最悠闲的"当地居民"——两趾树懒。

埃塞俄比亚的大峡谷

这里有悬崖、瀑布和一条看起来像埃塞俄比亚腹地的溪流；令人回味无穷的Great Rift Valley展馆是阿拉伯狒狒、努比亚野山羊、猫鼬、黑背豺和岩狸的家园。你还会发现一些仿制的埃塞俄比亚村庄，那里有许多可以居住的小屋，你还可以深入了解当地恶劣的生活条件。

雨林中的儿童世界

在**Rainforest Kidzworld**（旋转木马/骑小马 每人S$4/6）让孩子们回归自然。这里是一个游乐区，带有滑梯、秋千、划桨船和旋转木马。孩子们也可以骑小马（身高一定要超过120厘米），给农场里的动物喂食，在潮湿的游乐区嬉笑打闹。泳衣可以在现场购买。

☎6269 3411

www.zoo.com.sg

80 Mandai Lake Rd

成人/13岁以下儿童 S$37/25

⌚8:30~18:00

Ⓜ Ang Mo Kio，然后乘坐138路公共汽车

☑ 独家贴士

- 可以考虑把邻近的夜间动物园纳入你的旅行计划。
- 记得穿舒适的鞋子，戴太阳帽和太阳镜。如果下雨，可以购买雨披（S$5）。如果你带孩子旅行，请携带泳衣，以便孩子在Rainforest Kidzworld玩耍。
- 喂食时间变化不定。详情登录网站查看。

✗ 吃喝落脚点

这里并不缺少餐馆，供应从美国快餐到叻沙和椰浆饭（用椰奶煮的米饭，搭配银鱼仔、花生和椰奶以及一道咖喱菜）等主食。

顶级景点

夜间动物园（Night Safari）

到达和离开

夜间动物园位于新加坡动物园旁边，在中央商务区西北22公里处。

Ⓜ **新加坡地铁** 乘坐北—南方向的新加坡地铁（红色线路），在Ang Mo Kio站下车，然后乘坐138路公共汽车前往动物园。

新加坡著名的夜间动物园为你提供一种与众不同的夜生活。这里栖息着120多种动物，夜幕降临，公园的围栏仿佛消失在茫茫的夜色之中，会让你拥有一种与狮子、豹子和鳄鱼等动物亲密接触的感觉。悠闲漫步的羚羊与你乘坐的有轨电车近在咫尺，会让这种感觉更加强烈。

不要错过

电车之旅

在夜间动物园敞开式的车辆上配有一位导游，他会对公园里的动物和不同栖息地做很好的介绍。这段旅程将会持续45分钟，不过，我们强烈建议你在指定的站点上下车，步行去探索公园更多的地方。如果可能的话，最好选择第二辆或第三辆车，以便看到最佳景观。

徒步小道

这里有四条相互连接的徒步小道，每条小路都值得你花20~30分钟去探索。在Leopard Trail，一定要与野生的斑点豹保持几厘米的距离，这条小路还是令人兴奋的Giant Flying Squirrel大型鸟舍的所在地。在Fishing Cat Trail，可以看到动作敏捷的大猫和世界上最大的蝙蝠——马来狐蝠。Wallaby Trail上有一条可以步行通过的小袋鼠栖息地，而著名的East Lodge Trail则栖息着高度濒危的野猪和优雅的马来虎。

夜间动物

带孩子的旅行者请注意，**夜间动物**（Creatures of the Night；⏲19:30、20:30、21:30和22:30）是一个20分钟的互动节目，其中的明星们包括熊狸、麝香猫和猫头鹰。座位是不固定的，所以提前一点到达才能找到一个好位置。天气潮湿时，演出可能会取消。动物福利组织对动物表演进行了批评，他们认为圈养会使动物变得衰弱，还会给动物造成压力，与人类的互动也会加剧这种情况的发生。

☎6269 3411

www.nightsafari.com.sg

80 Mandai Lake Rd

成人/13岁以下儿童 S$39/26

⏲19:15至午夜，餐馆和商店17:30开始营业

Ⓜ Ang Mo Kio，然后乘坐138路公共汽车

☑ 独家贴士

▶ 返回时，一定要在22:35左右赶上公共汽车，因为最后一班新加坡地铁会在23:35从Ang Mo Kio站离开。乘坐出租车前往市中心需花费约S$23。

▶ 穿上舒适的鞋子，带上驱虫剂和雨伞，以防万一。

✕ 吃喝落脚点

入口外面有很多就餐和饮品地点可供选择。**Bongo Burgers**（主菜S$12~16；⏲17:30至午夜）供应不含防腐剂的肉类制作的美味汉堡。

荷兰村、登布西山和植物园

时尚、宜人的荷兰村（Holland Village）可能并非游客的必游之地，但这里的精品店、咖啡馆和午餐女郎却能让人一瞥外国人的生活。历史悠久的登布西山（Dempsey Hill）是一个被改造的营房，到处都是古玩店、精品店、咖啡馆和令人放松的小酒馆。这两个街区上方是新加坡植物园（Singapore Botanic Gardens；如上图），生长着稀有的兰花和珍贵的雨林。

景点一日游

清晨，在**新加坡植物园**（见150页）的原始雨林中漫步，可以帮你驱散炎热，享受清凉。你还可以环绕着天鹅湖骑行，顺便前往国家胡姬花中心（National Orchid Centre），观赏新加坡的国花——卓锦·万代兰（Vanda Miss Joaquim）。如果觉得饿了，可以去**Long Beach Seafood**（见154页）品尝一下著名的黑椒蟹，或者加入那些在休闲时尚的**PS Cafe**（见155页）享用各国风味美食的女士们。

在登布西山可以花一个下午去逛商场，在**Shang Antique**（见158页）和**Em Gallery**（见159页）购买古玩、艺术品和饰品。如果你还想多享受一下，可以在登布西天堂般的**Spa Esprit**（见154页）预订一次面部护理或按摩。或者，你可以前往外籍人士的居住地荷兰村，逛逛**Bynd Artisan**（见158页）的礼品店，在**Park**（见157页）喝一杯咖啡、啤酒或葡萄酒。

傍晚时分，在令人陶醉、度假村般的**Blue Bali**（见155页）用餐，品尝印度尼西亚菜肴。如果天色尚早，可以回到登布西热闹的花园酒吧**Green Door**（见156页）喝酒、聊天，或者在悠闲的**RedDot Brewhouse**（见157页）喝一杯当地精酿啤酒。

顶级景点

新加坡植物园（见150页）

新加坡最佳

就餐

Long Beach Seafood（见154页）

PS Cafe（见155页）

Blue Bali（见155页）

饮品

Green Door（见156页）

RedDot Brewhouse（见157页）

购物

Shang Antique（见158页）

Bynd Artisan（见158页）

到达和离开

新加坡地铁 植物园和荷兰村都有专属的地铁站。

公共汽车 想要到达登布西山，可以乘坐7路、75路、77路、105路、106路、123路或174路公共汽车，从Orchard Blvd上的Orchard MRT后面出发。在新加坡植物园之后的两站下车，然后向左往上走。75路和106路公共汽车是到达荷兰村和登布西山的几条线路中的两条。

顶级景点
新加坡植物园

如果想要缓解压力，可以前往新加坡植物园。交通的轰鸣和570万人的声音会在树林里戛然而止，整个世界变成了一个宁静、苍翠的天堂。在乌节路的尽头，新加坡最著名的绿色植被区为人们提供了适合野餐的草地和湖泊。这里有古老的雨林、主题公园和罕见的兰花，偶尔还有免费的音乐会。尽情呼吸吧——吸气，呼气……

见152页地图，H3

6471 7361

www.sbg.org.sg

1 Cluny Rd

花园免费入场

5:00至午夜

7路，75路，77路，105路，106路，123路，174路，M Botanic Gardens

落在海里康花上的深红色雄性太阳鸟

不要错过

国家胡姬花园

植物园现在非常著名的胡姬花培育开始于1928年，你可以在**国家胡姬花园**（National Orchid Garden；成人/12岁以下儿童 S$5/免费；⌚8:30~19:00，最后入场时间 18:00）了解它的历史。到目前为止，其占地3公顷的场地种植着超过1000个品种和2000个杂交品种，其中大约600种会在展览（世界上最大的热带兰花展览）中展出。

雨林

这片珍贵的原始雨林，比植物园的年头更久。在这里，你可以看到曾经覆盖新加坡大部分地区的树木的样本。走在雨林的木板路上，会有314种植物环绕着你；现在，这里的植物有一半以上都是新加坡的珍品。

姜园

如果你认为姜的种类只有一种，那么，内容丰富的姜园（Ginger Garden）一定会纠正你的观点。这里占地1公顷，位于国家胡姬花园的旁边，种植着超过250种姜科植物。在这里，你还可以找到以姜为主要食物的餐馆Halia。这里的其他植物还包括鲜为人知的Lowiaceae，它的花瓣与胡姬花相似。

天鹅湖

如果想要体验慵懒的宁静和浪漫的氛围，天鹅湖（Swan Lake）可谓无懈可击。它是植物园的三个湖泊中的一个，湖中有一个小岛，岛上满是高大的棕榈树。你可以留心观察一下那里高傲的天鹅，它们都是从阿姆斯特丹进口来的。

☑ 独家贴士

- 每周六都有由志愿者组织的导览游，他们将带领你游览植物园，非常不错。访问网站查询时间和主题。
- 登录网站查看偶尔在植物园的交响乐湖（Symphony Lake）举办的免费歌剧音乐会的信息。
- 看到水就买一瓶，不要等到口渴时再买：植物园里标识不明，而且原路返回买水也非常麻烦，尤其是在你口渴的时候。

吃喝落脚点

如果想要品尝一下用植物园中的姜科植物制作的浪漫小点心，可以前往Halia（见156页）。

印度尼西亚餐馆Blue Bali（见155页）更有氛围。绕过植物园，就能看见它的露天凉亭和小屋，像是从Ubud跳出来的一样。

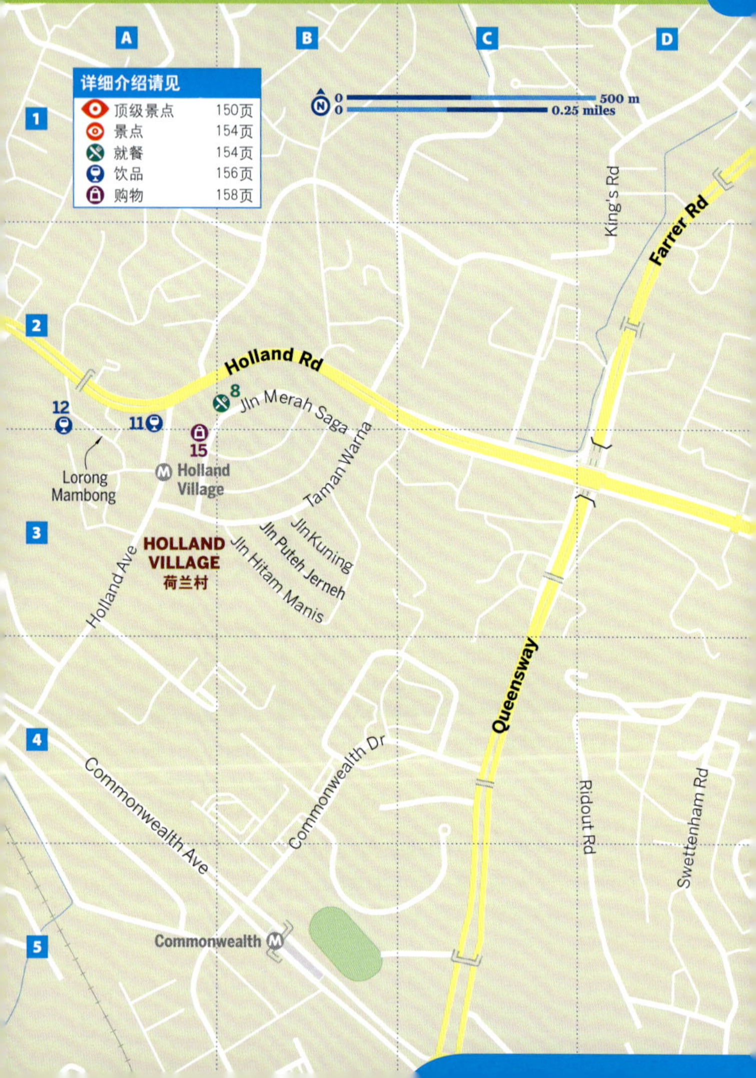
A
B
C
D
1
2
3
4
5
详细介绍请见
顶级景点 150页
景点 154页
就餐 154页
饮品 156页
购物 158页
0 500 m
0 0.25 miles
Holland Rd
Farrer Rd
King's Rd
8
Jln Merah Saga
12
11
15
Lorong Mambong
Holland Village
Taman Warna
HOLLAND VILLAGE
荷兰村
Holland Ave
JlnKuning
Jln Puteh Jerneh
Jln Hitam Manis
Queensway
Commonwealth Dr
Commonwealth Ave
Ridout Rd
Swettenham Rd
Commonwealth

E
F
G
H
1
2
3
4
5
Farrer Rd
13
5
Cluny Park Rd
Evans Rd
Cluny Rd
Symphony Lake
Gallop Rd
Tyersall Rd
Nassim Rd
Singapore Botanic Gardens
新加坡植物园
Dalvey Gate Rd
Lermit Rd
Tyersall Ave
7
Singapore Botanic Gardens
新加坡植物园
Cluny Rd
Tyersall Ave
Swan Lake
DEMPSEY HILL
登布西山
Dempsey Rd
Holland Rd
Napier Rd
10
2
6
Minden Rd
Tanglin Golf Course
唐林高尔夫球场
14
Dempsey Rd
17
16
Sherwood Rd
Peirce Rd
4
Harding Rd
9
1
Spa Esprit
3
Camp Rd
Loewen Rd
Tanglin Rd

CHOW MEIN WONG/GETTY IMAGES ©

新加坡的标志性海鲜菜肴黑椒蟹

景点

Spa Esprit
水疗

1 见152页地图，E5

Spa Esprit因其品种丰富的、精纯的精油而闻名。试一试1.5小时的Back to Balance按摩，可以使你的身体系统重新恢复活力。你还可以尝试一下纯有机的Sink Your Skin Pear和Apple Scrub，彻底清洁你的皮肤；或者按照自己的需求定制身体护理产品。（☎6479 0070；www.spa-esprit.com；01-03，Block 8D，Beauty Emporium，Dempsey Rd；⏰10:00~21:00；🚌7路，75路，77路，105路，106路，123路，174路）

就餐

Long Beach Seafood
海鲜 $$$

2 见152页地图，F4

新加坡顶级的海鲜连锁餐馆之一。在阳台上找个座位，一边欣赏热带绿色植物，一边品尝令人垂涎的黑椒蟹。Long Beach最早发明了这一标志性的菜肴，而这里的风味则非常辛辣，原汁原味。营业时间比城里的许多餐馆都长。（☎6323 2222；www.longbeachseafood.com.sg；01-01，Block 25，Dempsey Rd；主菜 S$14~48，螃蟹 每公斤约 S$74；⏰11:00~15:00和17:00至次日1:00；🚌7路，75路，77路，105路，106路，123路，174路）

Chopsuey

中国菜 $$$

3 见152页地图，F5

天花板上旋转的风扇，20世纪30年代的音乐，坐在藤椅上的女士——Chopsuey拥有一种殖民时代的风格。这里供应经过改良的美式中餐，但真正的亮点是午餐时间的"饮茶（yum cha）"；特色食物包括四川麻婆豆腐、南瓜和鳕鱼饺子，还有肉末生菜杯（san choi bao）。大理石吧台非常适合独自前来的用餐者。（☎9224 6611；www.chopsueycafe.com；01-23，Block 10，Dempsey Rd；饺子 S$7~12，主菜 S$19~46；⏲周一至周五 11:30至午夜，周六和周日 10:30~17:00和18:30至午夜；🚌7路，75路，77路，105路，106路，123路，174路）

PS Cafe

各国风味 $$

4 见152页地图，F5

这里时尚、明亮，装饰着木质地板和落地窗，还有面朝茂密的热带植物的露台。从早午餐到晚餐，食物都精致而健康，无论鱼丸班尼迪克蛋（fish-croquette Benedict），还是摩洛哥奇迹叠叠高（Morocco miracle stack；烤褐蘑菇、烤蔬菜、烟熏茄子和粉蒸肉）。周末的早午餐不能预订；9:30之前到达，以避免排长队。（☎9070 8782；www.pscafe.com；28B Harding Rd；主菜 S$26~34；⏲周一至周四 11:30至午夜，周五 11:30至次日2:00，周六 9:30至次日2:00，周日 9:30至午夜；🖉；🚌7路，75路，77路，105路，106路，123路，174路）

Blue Bali

印度尼西亚菜 $$

5 见152页地图，H1

绕过植物园就能看到Blue Bali，它是一个迷人而梦幻的地方，这里有巴厘岛风格的木质亭台、水上小屋和穿着纱笼的工作人员。来这里喝上一杯浪漫的饮品或品尝一下爪哇沙嗲、油炸自制豆腐或香辣南瓜虾等小吃，所有这些都要比主菜更适合这里的氛围。（☎6733 0185；www.bluebali.sg；1D Cluny Rd，Singapore Botanic Gardens；小吃 S$8~20，主菜 S$16~32；⏲周二至周五 16:00至午夜，周六和周日 早午餐 11:00~15:00，17:00至午夜；📶🖉；🚌7路，75路，77路，105路，106路，123路，174路，Ⓜ Botanic Gardens）

Open Farm Community

各国风味 $$$

6 见152页地图，G4

Open Farm Community坐落在一个经过改造过的温室里，摆放着许多设计精美的家具，非常注重健康饮食，崇尚"从农场到餐桌"的理念。菜单上的菜肴都是使用从花园里采摘的药草和蔬菜烹饪而成，非常干净、新鲜和放心。从豆瓣菜汤到用泥蟹、泰国咖喱和椰子制作的自制宽面条，这里的菜肴都充满了浓郁、天然和爽口的风味。（☎6471 0306；www.openfarmcommunity.com；130E Minden Rd；主菜 S$26~38；⏲周一至周五 正午至22:00，周六和周日 11:00~22:00；🚌7路，75路，77路，105路，106路，123路，174路）

Halia

创意菜 $$$

7 见152页地图，G3

极具氛围的Halia被植物园的姜科植物包围着，这也与其几种不同寻常的姜类菜肴呼应。供应的菜肴都是极好的创意菜（比如香辣蟹意大利面），工作日午餐套餐（2/3道菜 S$28/32）特别划算。这里还有素食菜单和儿童菜单。周末还供应早午餐（10:00~17:00）；不能预订。（☎8444 1148; www.halia.com.sg; 1 Cluny Rd, Singapore Botanic Gardens; 主菜 S$26~68; ⌚周一至周四 正午至21:30，周五 至次日2:00，周日10:00~21:30，周六 至22:00; ✍; 🚌7路，75路，77路，105路，106路，123路，174路，Ⓜ Botanic Gardens）

当地生活

进入厨房

无论是新手还是当地严谨的美食家，都可以到**味觉感受烹饪学校**（Palate Sensations Cooking School; ☎6478 9746; www.palatesensations.com; 01-03, Chromos, 10 Biopolis Rd; 3小时课程 S$100起; ⌚预约; Ⓜ Buona Vista）和顶尖的厨师一起磨炼技艺。标准课程时长3个小时，非常实用，涵盖了泰国特色美食、印度菜肴和法国著名的松饼。如果想要进行一次真正的新加坡美食探险，可以报名参加旅游课程，学习如何完美烹饪当地的美食，比如香辣蟹和辣牛肉。

Da Paolo Pizza Bar

意大利菜 $$

8 见152页地图，B2

经营有方的Da Paolo连锁店仅在这条街上就有两家店铺：一家熟食咖啡馆（在43号），还有这家带有露台座位的精致小酒馆。在牛皮天花板下，彬彬有礼的外国人享用着美味的薄皮比萨饼、可口的意大利面和热气腾腾的巧克力布朗尼蛋糕。这里的工作日套餐（S$23）特别划算。还有一对一的欢乐时光，时间为正午至14:30和17:30~19:30。（☎6479 6059; www.dapaolo.com.sg; 01-46, 44 Jln Merah Saga; 比萨饼 S$20~31，意大利面 S$22~28; ⌚周一至周五 正午至14:30和17:30~22:30，周六和周日11:00~22:30; Ⓜ Holland Village）

饮品

Green Door

酒吧

9 见152页地图，F5

辽阔的天空，枝繁叶茂的棕榈树和散发着赤素馨花香气的微风：走进绿色的大门，感受一丝热带诱惑。在留声机反射的微光中，调酒师不间断地用自己花园里的药草和水果制作经典饮品（比如Lillet Blanc-laced Negronis）。早到的人还可以吃到极好的特色菜（周一至周六 17:00~20:00，周日 13:00开始），这也吸引了一群悠闲的外籍人士。（☎6479 5945; www.theprivegroup.com.sg/index.

php/thegreendoor; Block 13A, Dempsey Rd; ⏲周一至周四 17:00至午夜，周五和周六 至次日1:15，周日 13:00至午夜; 📶; 🚌7路，75路，77路，105路，106路，123路，174路）

RedDot Brewhouse 自酿酒吧

10 见152页地图，F4

RedDot位于登布西山一个安静的地方，多年来一直销售自己的微酿啤酒。这里不提供普通食物，专门供应充满气泡的啤酒。共有8种桶装啤酒（半品脱S$6.50起），其中包括一种引人注目的、绿色的螺旋藻啤酒。欢乐时光从正午至19:00，啤酒的价格是半品脱S$5~9。（☎6475 0500; www.reddotbrewhouse.com.sg; 01-01, Block 25A, Dempsey Rd; 主菜 $20~36; ⏲周一至周四 正午至午夜，周五和周六 至次日2:00，周日 10:30至午夜; 🚌7路，75路，77路，105路，106路，123路，174路）

Park 酒吧

11 见152页地图，A2

黄色的工艺风格餐桌、店铺里的瓷砖和白炽灯泡，使这间经过改造的集装箱酒吧变得非常时髦。这里带有户外露台，饮品的价格在这一地区也是非常划算，因此备受当地人和游客的欢迎。点一份Spam条（切成薄片，经过油炸的Spam），一定会给你带来惊喜。（☎9721 3815; www.parkgroup.com.sg; 01-01, 281 Holland Ave; ⏲周二至周四 11:00至午夜，周五至周日 至次日2:00; 📶; Ⓜ Holland Village）

了解当地

唐林兵营（登布西山）

唐林兵营（Tanglin Barracks；现在被称为登布西山）建于1861年，是新加坡建造的第一座兵营。最初的建筑是宽敞而高耸的木质结构，顶部是糖棕（attap）茅草屋顶，可以容纳50人。营房的设施包括医院病房、洗衣房、厨房、图书馆、阅览室和学校，以及办公场所。

1934~1936年，大规模的翻修使宽敞的阳台变成了更多的室内空间，原来的茅草屋顶也被法国的瓦屋顶所取代——但值得庆幸的是，兵营保存了下来。在英国军队驻扎了一百多年以后，兵营在1972~1989年成为国防部的总部，而后，又被改造成了高端的午餐餐厅。

Wala Wala Café Bar 酒吧

12 见152页地图，A2

Wala Wala在周末（的大多数晚上）总是爆满，二楼有现场音乐表演，包括周一至周五19:00开始的热身活动和每晚21:30开始的主要活动。楼下巨大的体育屏幕吸引了许多足球迷。与附近的其他地方一样，到了晚上，餐桌就会排到街上。（☎6462 4288; www.walawala.sg; 31 Lorong Mambong; ⏲周一至周四 16:00至次日1:00，周五 16:00至次日2:00，周六 15:00至次日2:00，周日 15:00至次日1:00; Ⓜ Holland Village）

Gastronomia

咖啡馆

13 见152页地图，G1

这家休闲的咖啡店位于植物园地铁站的对面，穿过马路即可到达，是你游览植物园之前或之后的一个完美的休息地点。在微风吹拂的阳台上找个位置坐下，或者带上一杯咖啡，上楼去探索时髦的服装和家庭用品精品店，这些精品店都是面向当地的外籍社区开放的。（☎6468 7010；www.dapaolo.com.sg；Cluny Ct, 501 Bukit Timah Rd；⏰7:30~22:00；Ⓜ Botanic Gardens）

当地生活

一个精力充沛的早晨

如果你想活络筋骨，那就加入清晨狂热的健身者行列，他们从日出开始就来到植物园（见150页），散步、跑步，铺开瑜伽垫，跟着训练营的教练学习。留意一下太极课程；使用扇子或剑的太极课程是最好的。下雨时，你会发现很多避雨场所，但很难找到卖水的地方，所以最好带上水壶。结束健身后，你可以在Nassim Gate Visitors Centre的**Casa Verde**（见153页地图，H2；☎6467 7326；www.casaverde.com.sg；1 Cluny Rd, Singapore Botanic Gardens；午餐S$9.50~19.50，比萨饼 S$24，晚餐主菜 S$18~35；⏰7:30~23:00；🚌7路，75路，77路，105路，106路，123路，174路，Ⓜ Botanic Gardens）或位于Bukit Timah门外的Gastronomia吃一顿早餐，犒劳一下自己，后者位于植物园地铁站的旁边，位置比较便利。

购物

Shang Antique

古玩

14 见152页地图，F4

Shang Antique专门从事宗教古玩和纺织品的销售，这些物品来自柬埔寨、老挝、泰国、印度和缅甸，有些有将近2000年的历史——价格根据物品的年头而定。喜欢收集多种风格古玩的人们可以以低于S$40的价格买到旧的鸦片壶，漂亮的泰国丝绸围巾，或者缅甸的装饰性米篮。（☎6388 8838；www.shangantique.com.sg；01-03, Block 18D, Dempsey Rd；⏰10:30~18:30；🚌7路，75路，77路，105路，106路，123路，174路）

Bynd Artisan

工艺品

15 见152页地图，A3

定制文具和皮革鉴赏家们将会非常喜欢这家以卓越的手工为傲的精品商店。你可以选择各种手作手帐，也可以花些时间自己定制。其他可供选择的物品包括皮革旅行配件和珠宝首饰。如果想要拥有全面的艺术家体验，可以报名参加图书装订、现代书法或水彩绘画课程。（☎6475 1680；www.byndartisan.com；01-54, 44 Jln Merah Saga；课程 S$78起；⏰周一至周五正午至21:00，周六和周日 10:00开始营业；Ⓜ Holland Village）

JOHN S LANDER/LIGHTROCKET/GETTY IMAGES ©

在植物园里练太极的人们

Em Gallery

时装、家居用品

16 见152页地图，F4

在新加坡生活的日本设计师Emiko Nakamura用她鲜亮、精致的作品，使登布西的社会女性显得特别时尚。Emiko还与老挝北部的山区部落合作，创造了自然染色的手织手工艺品，如背包和靠垫。其他的家居用品可能还包括来自柬埔寨的限量版（价格合理）高棉陶器。（☎6475 6941; www.emtradedesign.com; 01-04/05, Block 16, Dempsey Rd; ⏰周一至周五 10:00~19:00，周六和周日 11:00~19:00; 🚌7路，75路，77路，105路，106路，123路，174路）

Pasardina Fine Living

古玩、家居用品

17 见152页地图，F4

如果你打算把你的家改造成热带亚洲的风格，这个格局凌乱的宝地是一个很好的出发点。受到传统印度尼西亚设计的启发，这里的收藏品包括漂亮的柚木家具、陶瓷和木制雕像、树皮灯罩和奇怪的木拱门。（☎6472 0228; www.pasardina.com; 01-10, Block 13, Demspey Rd; ⏰周一至周五 10:00~18:30，周六和周日 正午至19:00; 🚌7路，75路，77路，105路，106路，123路，174路）

探索

新加坡西部和西南部

这个城市的角落是新加坡大型集装箱码头的所在地，经常被旅行者所忽略。旅行者来这里只不过是为了搭乘花柏山和圣淘沙之间的缆车。不过，如果仔细看看，你会发现一些值得一游的景点，其中包括壮观的南部山脊步道、令人印象深刻的艺术中心、吉尔曼兵营和新加坡国立大学博物馆，以及幸存下来的殖民区 Colbar。

一日游行程

你可以在上午漫步穿越**拉柏多自然保护区**(Labrador Nature Reserve; 见168页),这里阴凉的草坪随处可见,热带森林中散布着许多战争遗迹。游览完保护区之后,你可以探索宁静的美术馆**吉尔曼兵营**(Gillman Barracks; 见167页)、古怪的老式主题公园**虎豹别墅**(Haw Par Villa; 见167页),或者乘坐黄色地铁线继续前往Kent Ridge,那里有开往令人难忘的**新加坡国立大学博物馆**(NUS Museum; 见166页)和**李光前自然历史博物馆**(Lee Kong Chian Natural History Museum; 见166页)的公共汽车。

无论你选择去哪儿,都要搭乘地铁返回,在Pasir Panjang下车,到**Eng Lock Koo**(见169页)购买便宜的食物。从这里出发,漫步到山顶的**鸦片山岗战役纪念馆**(见163页)了解该地区的血泪史,然后,走进与它相邻的肯特岗公园(Kent Ridge Park),开始轻松的徒步旅行,沿着丛林环绕的**南部山脊**(Southern Ridges; 见162页)步道,开始你轻松的徒步旅行。

徒步的终点在花柏山,你可以在适合儿童的**Spuds & Aprons**(见170页)喝一杯饮品,吃一点东西。还可以乘坐出租车前往由英国殖民时期餐厅改造而成的酒吧**Colbar**(见170页),或者前往小贩中心和现场音乐表演场地**Timbre+**(见169页)。

顶级景点

南部山脊(见162页)

新加坡最佳

博物馆和画廊

新加坡国立大学博物馆(见166页)

李光前自然历史博物馆(见166页)

吉尔曼兵营(见167页)

就餐

Tamarind Hill(见168页)

Timbre+(见169页)

PeraMakan(见169页)

适合儿童

虎豹别墅(见167页)

Rink(见168页)

Jurong East Swimming Complex(见168页)

到达和离开

M 新加坡地铁 新加坡西南部的地铁服务非常便捷。一些车站的名称与景点相同。另外,HarbourFront(黄色和紫色线路)、Pasir Panjang(黄色线路)、Jurong East(绿色和红色线路)和Kent Ridge(黄色线路)也都非常便利。

顶级景点

南部山脊

南部山脊是花柏山和西海岸公园（West Coast Park）之间的一连串山脉，你不用真正离开城市，就能进行丛林徒步。整个路程长达9公里，最佳线路是从肯特岗公园出发，前往花柏山。这条线路走起来比较容易，沿途还有一些令人惊叹的景点，你不仅可以看到高高的天际线和丛林景观，还可以走到一条特别迷人的、波浪般的步道上。

见164页地图，C3

www.nparks.gov.sg

M Pasir Panjang

不要错过

鸦片山岗战役纪念馆(Reflections at Bukit Chandu)

为了纪念1942年马来军团(Malay Regiment)对日本人的最后一战，鸦片山岗战役纪念馆把第一手资料、个人文物和电影结合在一起，为人们描述了这场伤亡惨重的残酷斗争。

肯特岗公园(Kent Ridge Park)

肯特岗公园位于鸦片山岗战役纪念馆后面。这里静谧无人，所以你可以尽情享受完全属于你自己的短暂而奇妙的林冠徒步。从这里出发，下山前往园艺园林(Hort Park)。

森林之路(Forest Walk)

一座叶子形状的桥梁从园艺园林横跨Alexandra Rd，通往令人惊叹的森林之路。虽然你可以选择地面(Earth)小路，高架人行道(Forest Walk)却能让你饱览覆盖着直落布兰雅山(Telok Blangah Hill)的丛林树冠。

亨德申波浪桥(Henderson Waves)

令人赞叹的亨德申波浪桥(如图)是一条连绵起伏的步道，它高悬于距森林地面36米之上，坐落在直落布兰雅山公园(Telok Blangah Hill Park)和花柏山公园(Mt Faber Park)之间。看起来像是从丛林中升起的空中跳台，是Reflections at Keppel Bay的一部分。Reflections at Keppel Bay是由著名建筑师丹尼尔·李伯斯金(Daniel Libeskind)设计的住宅开发项目。

花柏山(Mt Faber)

花柏山阶梯状的小路在城市的南部边缘延伸105米，蜿蜒通往处于战略位置的观景台。那里有前往港湾(HarbourFront)和圣淘沙的缆车服务。

☑ 独家贴士

- 游览这条小径的最佳时间是傍晚。你可以避开中午最炎热的天气，还可以及时赶到花柏山，喝傍晚饮品或吃晚餐。
- 穿舒适的鞋子，戴上太阳镜和帽子。如果可能下雨的话，带上雨伞。一直携带充足的饮用水。
- 携带相机。步道的沿途有优美的城市风景、丛林和中国南海。
- 如果你遇到猴子，不要给它们喂食。这只会鼓励它们去纠缠人类。

吃喝落脚点

如果你想要一边观赏令人震惊的城市美景，一边享用饮品和烤鸡肉串，那就去Faber Bistro(见170页)吧。如果想要品尝更多的休闲美食，可以前往位于花柏山顶上的Spuds & Aprons(见170页)。

详细介绍请见	
顶级景点	162页
景点	166页
就餐	168页
饮品	170页
购物	171页

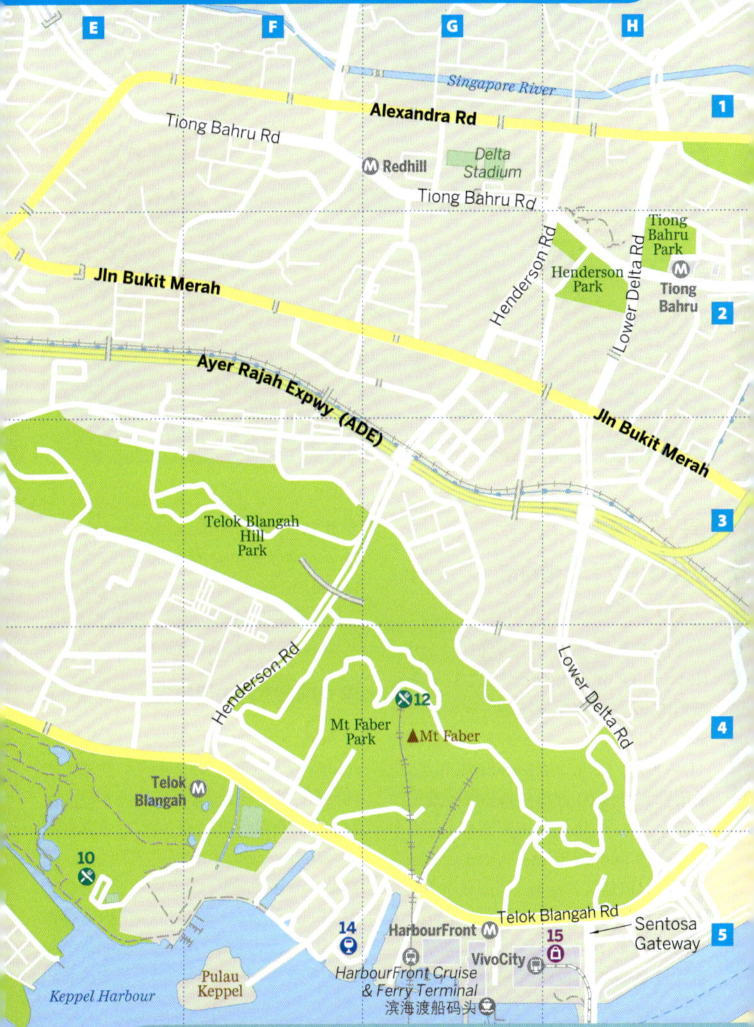
E
F
G
H
1
2
3
4
5
Singapore River
Alexandra Rd
Tiong Bahru Rd
Redhill
Delta Stadium
Tiong Bahru Rd
Jln Bukit Merah
Henderson Rd
Henderson Park
Lower Delta Rd
Tiong Bahru Park
Tiong Bahru
Ayer Rajah Expwy (ADE)
Jln Bukit Merah
Telok Blangah Hill Park
Henderson Rd
12
Mt Faber Park
Mt Faber
Lower Delta Rd
Telok Blangah
10
Telok Blangah Rd
Sentosa Gateway
14
HarbourFront
15
VivoCity
HarbourFront Cruise & Ferry Terminal
滨海渡船码头
Pulau Keppel
Keppel Harbour

SIVAKUMAR SATHIAMOORTHY/GETTY IMAGES ©

虎豹别墅

景点

新加坡国立大学博物馆 博物馆

1 见164页地图，A1

位于新加坡国立大学（National University of Singapore, NUS）青翠的校园内，这座博物馆是城市中较少为人所知的文化乐土之一。底层的李光前收藏展（Lee Kong Chian Collection）以中国古代的陶瓷和青铜器，以及在新加坡发现的考古碎片为主；再上一层，南亚和东南亚美术馆（South and Southeast Asian Gallery）展示来自该地区的绘画、雕塑和纺织品。黄荣庭收藏展（Ng Eng Teng Collection）专门介绍黄荣庭（1934~2001年）——新加坡最重要的现代艺术家，以具象雕塑最为出名。（NUS Museum; ☎6516 8817; www.nus.edu.sg/museum; University Cultural Centre, 50 Kent Ridge Cres; 免费入场; ⏰周二至周五 10:00~19:30，周六和周日 至18:00; Ⓜ Clementi，转乘96路公共汽车）

李光前自然历史博物馆 博物馆

2 见164页地图，A1

看起来像是一块从绿茵中拔地而起的巨石，实际上是新加坡适合儿童的高科技自然历史博物馆。核心的生物多样性画廊（Biodiversity Gallery）利用化石、动物标本和互动展览，深度展现了生命的起源。Prince、Apollonia和Twinky不容错过：3个1.5亿年前的Diplodocidsauropod恐龙骨架，其中的两具带有原始的头骨。

在楼上，传统画廊（Heritage Gallery）展出了19世纪的藏品，并对新加坡的地质情况进行了有趣的介绍。（Lee Kong Chian Natural History Museum；☎6601 3333；lkcnhm.nus.edu.sg；2 Conservatory Dr；成人/13岁以下儿童 S$21/12；⏲周二至周日 10:00~19:00，最后入场时间 17:30；Ⓜ Kent Ridge，转乘大学班车A2）

吉尔曼兵营

画廊

3 见164页地图，D3

吉尔曼兵营于1936年作为英国的军事营地建立，现在是一个艺术基地，植被苍翠繁茂的场地周围分散着11个画廊。其中包括纽约的**泰戈尔画廊**（Sundaram Tagore；☎6694 3378；www.sundaramtagore.com；01-05 Gillman Barracks；免费入场；⏲周二至周六 11:00~19:00，周日 至18:00；Ⓜ Labrador Park），这里收藏着获奖摄影师爱德华·伯汀斯基（Edward Burtynsky）和安妮·莱柏维兹（Annie Leibovitz）等艺术家的作品。

这里的**NTU Centre for Contemporary Art**（☎6339 6503；www.ntu.ccasingapore.org；Block 43 Malan Rd，Gillman Barracks；免费入场；⏲周二至周四、周六和周日 正午至19:00，周五 至21:00；Ⓜ Labrador Park）是一个具有前瞻性的艺术研究中心，主办艺术谈话、讲座，以及来自活跃地区和在各种形式的媒体工作的国际艺术家的当代展览。

想要到达吉尔曼兵营，乘坐地铁在拉柏多公园（Labrador Park）站下车，沿着Alexandra Rd向北步行800米即可到达，吉尔曼兵营的入口就在你的右侧。你可以在中央商务区乘坐出租车返回，单程价格约S$10。（Gillman Barracks；www.gillmanbarracks.com；9 Lock Rd；免费入场；⏲周二至周六 11:00~19:00，周日 至18:00；Ⓜ Labrador Park）

虎豹别墅

博物馆、公园

4 见164页地图，A2

奇特媚俗却又令人耳目一新的虎豹别墅是胡文虎（Aw Boon Haw）的智慧结晶，他是药膏虎标万金油（Tiger Balm）的创始者。1937年，胡文虎在这里为亲爱的兄弟和生意伙伴胡文豹（Aw Boon Par）修建别墅之后，兄弟俩开始在院子内修建一座中国神话主题公园。最有名的要数十层地狱（Ten Courts of Hell），那里的展览让人有种身临其境的感觉，展示了地狱中为罪人准备的可怕酷刑。（Haw Par Villa；☎6872 2780；262 Pasir Panjang Rd；免费入场；⏲9:00~19:00，十层地狱展览 9:00~17:45；Ⓜ Haw Par Villa）

虎牌啤酒厂

酿酒厂

5 见164页地图，A1

整个假期都在喝这里的啤酒，当然要看看啤酒的制作过程了。虎牌啤酒厂观光分为两个部分：第一部分是45分钟的参观，包括酿酒厂和包装大厅；第二部分才是真正的亮点——在用木头和皮革装饰的Tiger Tavern免费品尝45分钟的啤酒。团队游必须提前预订。（Tiger Brewery；☎6860 3005；www.tigerbrewerytour.com.sg；459 Jln

当地生活

在公共游泳池游泳

新加坡有一些令人印象深刻的公共泳池，只要几美元，是岛上最划算的游泳地点。位居榜首的是**Jurong East Swimming Complex**（☎6563 5052; 21 Jurong East St 31; 工作日/周末 S$2/2.60; ⏲周二、周四、周五和周日 8:00~21:30，周三和周六 6:30开始营业；Ⓜ Chinese Garden），这里有一个巨大的波浪池，缓缓流淌的河流、水滑梯、浅水池、按摩浴缸和奥运会规模的游泳池，一定会让你非常兴奋。

预计周末会有大量的人群。该中心距离Chinese Garden地铁站只有600米的步行路程。在出发之前，请反复确认开放时间；访问www.myactivesg.com获取更多信息。

Ahmad Ibrahim; 成人/儿童 S$18/12; ⏲周一至周六 13:00、14:00、15:00、16:00和17:00; Ⓜ Joo Koon，转乘182路，182M公共汽车）

拉柏多自然保护区 公园

6 见164页地图，D5

拉柏多公园（Labrador Park）不仅有鸟类丰富的森林小路，还有一个海滨公园，到处都是令人回味的英国战争遗迹——直到20世纪80年代才被重新发现。仔细观察一下长满苔藓的老炮台，老炮台入口处的遗迹，它们就像守卫一样守护着这座小山。保护区的丘陵地带一直延伸到海岸，那里有广阔的草坪、树荫，可以听到海浪拍打海岸的声音，是一个悠闲野餐的迷人之地。（Labrador Nature Reserve; www.nparks.gov.sg; Labrador Villa Rd; ⏲24小时; 🚌408, Ⓜ Labrador Park）

Rink 滑冰

7 见164页地图，A1

新加坡第一个奥运会规模的溜冰场位于充满活力的JCube商场的三楼。在周五和周六的21:45~23:45，喜欢迪斯科舞的人们会穿上溜冰鞋，享受每周一次的“冰上迪斯科”。（☎6684 2374; www.therink.sg; Level 3, JCube, 2 Jurong East Central 1; 成人/儿童 S$14/12，租用溜冰靴、手套和袜子 S$21.50/19.50; ⏲公共溜冰时间不定; Ⓜ Jurong East）

就餐

Tamarind Hill 泰国菜 $$$

8 见164页地图，D4

在位于拉柏多公园的一处殖民风格的平房里，供应无比美味的泰国菜肴。亮点是周日的早午餐（正午至15:00），包括一份精美的冷盘和沙拉，还可以根据你喜欢的菜肴点菜（炒鱿鱼无懈可击）。请提前预订。[☎6278 6364; www.tamarindrestaurants.com; 30 Labrador Villa Rd; 主菜 S$18~59，周日早午餐 S$60; ⏲正午至14:30

和16:30~22:30；📶；🚌408（仅限周末），Ⓜ Labrador Park]

Timbre+

小贩中心 $

9 见164页地图，B1

欢迎来到新一代的小贩中心。Timbre+有超过30家的美食店，无所不包：艺术风格的航运集装箱、Airstream美食车、精酿啤酒，周一至周六晚上（20:00开始）的现场音乐表演……不过，最吸引人的非这里的美食莫属：传统风格与新时代美食结合。在傍晚前来，老牌的摊位会在18:00收摊。（www.timbreplus.sg；JTC LaunchPad@one-north，73A Ayer Rajah Cres；菜肴 S$3起；⏲周一至周四 6:00至午夜，周五和周六 至次日1:00；Ⓜ One North）

PeraMakan

土生华人菜 $$

10 见164页地图，E5

这家餐馆由一群友好的烹饪爱好者经营，把来自Joo Chiat的峇峇娘惹（Baba-Nonya）风味菜肴带到了这里。值得庆幸的是，辣椒酱鱿鱼（sambal squid）和香辣椰子咖喱（rendang）等经典菜肴还是一如既往地美味。有一道菜绝对不容错过，那就是黑果焖鸡（ayam buah keluak；涂抹着厚厚的辣椒酱的鸡肉，搭配印度尼西亚的黑色坚果）。（☎6377 2829；www.peramakan.com；L3 Keppel Club，10 Bukit Chermin Rd；主菜 S$14~28；⏲11:20~14:00和18:00~21:00；📶🖊；Ⓜ Telok Blangah）

Eng Lock Koo

小贩中心 $

11 见164页地图，C3

如果你想要前往鸦片山岗战役纪念馆或肯特岗公园进行南部山脊徒步的话，这个小摊位是一个非常方便的就餐地点，它位于一个通风的角落商店里，供应茶和咖啡，以及摊贩们最爱的鸡饭和炒饭（nasi goreng）了。（114 Pasir Panjang Rd，Pepys Rd交叉路口；主菜 S$3起；⏲摊

当地生活

Kranji Farms

如果想要体验不同的新加坡生活，可以考虑前往新加坡欣欣向荣的小型农场。每天都有小型巴士和Kranji Express（Kranji MRT Station；成人/儿童 $3/1，9:00~18:00，每隔1.25小时一班）从Kranji地铁站发车，沿途经过许多最好的农场。

其中最好的是**Bollywood Veggies**（☎6898 5001；www.bollywooddveggies.com；100 Neo Tiew Rd；门票 S$2，Kranji Express乘客免费；⏲周三至周五 9:30~18:30，周六和周日 8:00开放；Ⓜ Kranji，转乘Kranji Countryside Express汽车），在那里，你可以在种植着腰果、木瓜和杨桃树的乡村花园中漫步，还可以在小酒馆里品尝精致、健康的食物。

位时间变化不定，通常5:00~15:00；M Pasir Panjang）

Masons

各国风味 $$

这个便利的咖啡馆兼小酒馆坐落在吉尔曼兵营的场地中（3 见164页地图，D3），有高高的天花板，优雅的阳台座椅，还有一个带有黑色皮沙发的大理石吧台，你可以在游览画廊后来这里喝一杯鸡尾酒（欢乐时光 16:00~19:00）。菜单上大都是意大利风味的菜肴，美国风味的食物包括烟熏排骨和多汁的牛肉汉堡。这里还为素食者和注重健康的人群提供了低卡路里的食物和素食菜肴。（☎6694 2216；www.masons.sg；01-17 Gillman Barracks，9 Lock Rd；比萨 S$21~28，主菜 S$24~38；⏲周一至周六 正午至23:00，周日 至22:00；✍；M Labrador Park）

> **当地生活**
>
> **Singapore Turf Club**
>
> 不像香港赛马那么疯狂，**Singapore Turf Club**（☎65-6879 1715；www.turfclub.com.sg；1 Turf Club Ave；一等看台和二等跑马场座 S$6，业主休息室 S$30；M Kranji）是一个非常受欢迎的度假之地（请携带护照）。比赛通常在周五（18:20~22:50）和周日（12:50~18:30）进行。着装要求：在公共看台上禁止穿着慢跑短裤和背心；在业主休息室禁止穿着短裤、无领T恤衫和凉鞋。

Faber Peak

各国风味 $$

12 见164页地图，G4

Faber Peak是缆车线路的最高着陆点。在这里，你可以发现特别休闲、适合儿童的**Spuds & Aprons**（☎6377 9688；www.faberpeaksingapore.com；109 Mt Faber Rd；主菜 S$14~38；⏲11:00~22:00；M HarbourFront），供应意大利面、沙拉，以及脆皮五花肉（crispy pork belly）和烧烤排骨（barbecue ribs）等主菜。它外面的**Faber Bistro**（☎6377 9688；www.mountfaber.com.sg；101 Mt Faber Rd；主菜 S$15~38；⏲周一至周四 16:00~23:00，周五和周六 至次日2:00，周日11:00~23:00；M HarbourFront，乘缆车至Mt Faber），供应丰盛的菜肴，如汉堡、比萨饼，还可以在露台上用餐。

到达这里最简单的方式就是乘坐出租车或缆车；其他的唯一选择就是步行。（☎6377 9688；www.faberpeaksingapore.com；109 Mt Faber Rd；M Harbour Front，乘缆车至Mt Faber）

饮品

Colbar

酒吧

13 见164页地图，C1

大胆脱俗的Colbar拥有令人回味的殖民时代的复古风格，从前是英国军官的食堂，现在变成了一个休闲的饮酒场所。这里仍然有一些20世纪30年代的东西：一个存放钱财的抽屉、挂在墙上的足球队照片，宽敞的阳台上有许多当地人喝的啤酒和价格划算的苹果酒。酒吧于1953年开始

VivoCity商场的购物者

营业，由Lim夫妇经营。(☎6779 4859; 9A Whitchurch Rd; ⌚周二至周日 11:00至午夜，厨房20:30关闭; Ⓜ Buona Vista，转乘191路公共汽车)

Privé

酒吧

14 见164页地图，F5

坐落在吉宝海港(Keppel Harbour)中间的一个小岛上，一侧是城市，另一侧是圣淘沙岛。如果你想要在夜晚喝一杯的话，没有比这里更好的地方了。在这里，经常可以看到富有的、穿着考究的人们，还有客座DJ和偶尔的现场音乐表演。它旁边的餐厅供应法式和美式料理，全天咖啡馆供应美味的意大利面、比萨饼和汉堡。(☎6776 0777; www.prive.com.sg; Keppel Bay Dr; ⌚周一至周四 17:00~23:30，周五 17:00至次日0:30，周六 正午至次日0:30，周日 正午至午夜; Ⓜ HarbourFront，转乘出租车)

购物

VivoCity

商场

15 见164页地图，H5

VivoCity不只是新加坡最大的购物商场，还是一个罕见的开放空间。二楼有一个户外儿童游乐场，屋顶还有一个"空中公园"，里面的游泳池可以免费使用。零售商品主要是中档价位，还有一个大型的Golden Village电影城。(☎6377 6860; www.vivocity.com.sg; 1 HarbourFront Walk; ⌚10:00~22:00; 📶; Ⓜ HarbourFront, Sentosa Express)

最佳步行游览
新加坡殖民区

简介

在这座着眼于未来的都市，殖民区为旅行者提供了感受浪漫时代，尽享建筑杰作的独特视角。在这里能看到穿梭的宗教人士、教堂和帕拉迪奥风格的建筑，以及上流社会的板球俱乐部和传奇的莱佛士酒店。这条徒步线路带领你参观一些城市里最美丽的传统建筑，观赏广袤清新的绿地，享受壮观的天际线景观，还能看到现代亚洲艺术作品。徒步后，可以在新加坡河的河畔享用午餐或晚餐。

起点 新加坡美术馆；Ⓜ Bras Basah

终点 旧禧街警察局（Old Hill Street Police Station）；Ⓜ Clarke Quay

长度 2.6公里；3~4小时，沿途有休息的地方。

吃喝落脚点

在**珍宝海鲜**（见59页）品尝招牌菜香辣蟹，以此为你的徒步旅程画上句号。

维多利亚剧院与音乐厅

❶ 新加坡美术馆

新加坡美术馆（见52页）曾是一所天主教男子学校。百叶窗、陶瓷地砖和四边形的内设都是原有的建筑特色。中央穹顶和拱廊廊柱是20世纪初新添加的。

❷ 莱佛士酒店

沿着Bras Basah Rd朝东南方向走，途经颇具文艺复兴遗风的好牧人（Good Shepherd）大教堂，穿过英国哥特式的赞美广场（CHIJMES）——这是一片由修道院改造而成的餐饮区。赞美广场的斜对过就是传奇的莱佛士酒店（见53页）。

❸ 圣安德烈大教堂

沿着North Bridge Rd一路南行，**圣安德烈大教堂**（见54页）就在眼前。这座教堂是当地人举办婚礼的热门地点，于1838年完工。教堂曾两次遭到雷击，于1862年由印度囚徒重建。它是新加坡仅存的几座英国哥特式建筑之一。

❹ 市政厅

建于1928年的市政厅，是1945年路易斯·蒙巴顿勋爵（Lord Louis Mountbatten）宣布日本投降的地方，也是1965年李光耀宣布新加坡独立的地方。市政厅和建于1039年的旧最高法院（Old Supreme Court）现在是**新加坡国家美术馆**（见44页）的所在地。

❺ 巴东

市政厅对面是巴东的露天场地，也是新加坡板球俱乐部（Singapore Cricket Club）和新加坡娱乐俱乐部（Singapore Recreation Club）的所在地。日本侵略军正是在这里集结了当地欧洲居民，然后把他们赶到樟宜监狱（Changi Prison）。

❻ 维多利亚剧院与音乐厅

St Andrew's Rd的左下角矗立着一些殖民时期的建筑，就是维多利亚剧院和音乐厅（Victoria Theatre & Concert Hall）。它于1862年竣工，是最初的市政厅，也是新加坡最早的维多利亚复兴时代风格的建筑之一。

❼ 旧禧街警察局

旧禧街警察局位于新加坡河的右侧河畔，是一座五彩斑斓的建筑。它建于1934年，当时被人们称为“摩天大楼”，现在是一系列私人现代艺术画廊的所在地。

最佳步行游览
新加坡新风貌

简介

新加坡不是在走向未来，而是在创造未来。这座胸怀大志的都市秉承大胆前卫、有时还颇富争议的发展理念，不断地改造着自己。这条徒步线路将会带你探索“新新加坡”的中心——滨海湾——一个充满新意的区域，那里的文化建筑与水果和鲜花遥相呼应，桥梁能够让你回想起曾经的历史，植物园对面就是《三脚妖之日》（*The Day of the Triffids*）的拍摄场地。未来在这里欢迎你。

起点 滨海艺术中心；Ⓜ Esplanade

终点 滨海湾花园；Ⓜ Bayfront

长度 2公里；3小时，沿途有休息的地方。

吃喝落脚点

在凉风舒爽、轻松愉悦的小贩中心**Satay by the Bay**（见58页）品尝街头美食，结束旅程。

滨海湾花园

❶ 滨海艺术中心

新加坡首屈一指的**滨海艺术中心**（见63页）兼具剧院和音乐厅的功效，装饰着双层玻璃和铝制遮阳棚。设计师来自新加坡的DP建筑师事务所（DP Architects）和伦敦的Michael Wilford & Partners，造价高达6亿美元。屋顶花园的美景值得一看。

❷ 螺旋大桥

沿着滨海步道（Marina Promenade）向东走，就能到达长280米的螺旋大桥（Helix Bridge）。这是世界上第一座双螺旋桥，由澳大利亚的考克斯建筑事务所（Cox Architecture）和新加坡的建筑师事务所Architects 61设计。观景平台是一个绝佳的拍照地点，可以拍到哥烈码头（Collyer Quay）、鱼尾狮（Merlion）和富勒顿（Fullerton）大楼。

❸ 艺术科学博物馆

大桥另一侧的白色莲花状建筑是**艺术科学博物馆**（见54页）。该博物馆于2011年开放，是以色列裔建筑师摩西·萨夫迪（Moshe Safdie）的作品。整栋建筑由10个手指状的元素组成，顶部是天窗，阳光照亮了里面的画廊。博物馆的旁边是世界上第一个漂浮的Louis Vuitton专卖店。

❹ 滨海湾金沙酒店

艺术科学博物馆和Louis Vuitton专卖店都是恢宏的滨海湾金沙酒店综合度假村的一部分。奢华的**滨海湾金沙购物中心**（见67页）就坐落于此，还有一个看似背离地心引力的悬臂式观景台。这个观景台被称为“空中花园”，其大小足以停放4架半的A380飞机。在天气晴朗时，你可以乘电梯到**CÉ LA VI**（见54页）欣赏令人难忘的美景。

❺ 滨海湾花园

从滨海湾金沙酒店，沿着一座步行天桥即可到达**滨海湾花园**（见46页）。这是一个新的千禧年公园，也是世界上最大的温室花园，有一条空中走廊和最先进的擎天大树，它的树干上有太阳能热水及光电收集器、雨水收集装置和通风管道。

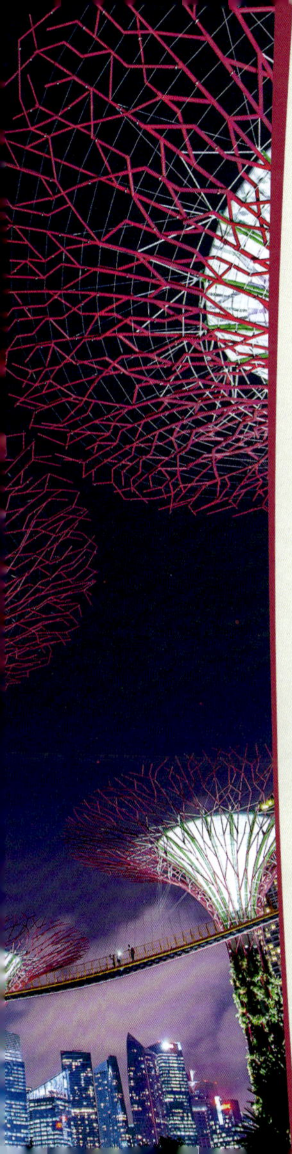

生存指南

滨海湾花园（见46页）

生存指南

出发前

何时去

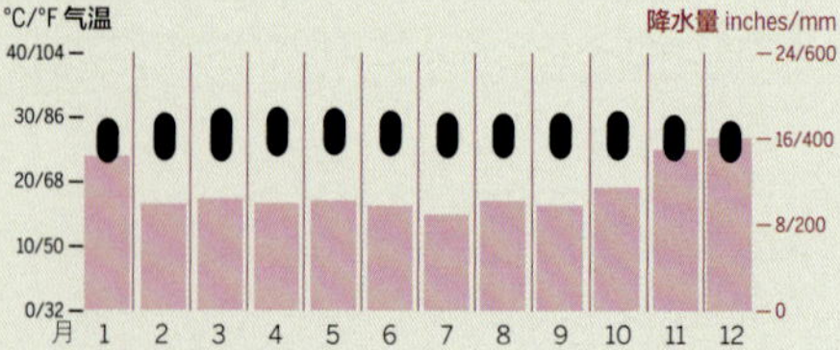

➡新加坡全年炎热潮湿。

➡学校假期在6月和7月，也是最炎热的时候，如果可能的话，尽量避开这段时间。

预订

☑ **独家贴士** 在新加坡的中档和高档酒店，房间价格根据供求关系，每天都在波动。计划去新加坡的旅行者需要记住这一点，特别是如果你打算在一个重要活动期间前来的话。比如，在一级方程式赛车(Formula One)期间，房间价格会翻三倍。

网络资源

➡ **Lonely Planet** (lonelyplanet.com/singapore) 包含目的地信息，酒店预订，旅行者论坛及其他。

➡ **Your Singapore** (www.yoursingapore.com) 官方旅游局网站。

➡ **Honeycombers** (www.thehoneycombers.com) 一个很好的在线新加坡指南，涵盖了活动、就餐、饮品和购物信息。

➡ **City Nomads** (www.citynomads.com) 一个非常便捷的网站，包括评论和活动清单。

➡ **Sistic** (www.sistic.com.sg) 一个“一站式”商店，可以购买新加坡音乐会和演出门票。还有有用的活动日历。

最佳经济型住宿

➡ **Adler** (www.adlerhostel.com) 这个自称为“postel”的地方就位于牛车水地铁站附近，里面有许多中国古董。

➡ **Bunc@Radius** (www.bunchostel.com) 位于小印度的背包客中心地带，既便宜又时髦。

➡**5Footway.Inn Project Boat Quay**（www.5footwayinn.com）一家新式的青年旅舍，里面有许多当地艺术品，其驳船码头的地理位置无懈可击。

最佳中档住宿

➡**Wanderlust**（www.wanderlusthotel.com）位于迷人的小印度，与众不同的房间充满了想象力、古灵精怪的氛围和设计师的风格。

➡**Lloyd's Inn**（www.lloydinn.com）极简主义的精品酒店，距离乌节路（Orchard Rd）只有几步之遥。

➡**Holiday Inn Express Clarke Quay**（www.hiexpress.com）一个崭新而划算的选择，距离码头和牛车水都很近。

最佳高档住宿

➡**Fullerton Bay Hotel**（www.fullertonbayhotel.com）优雅、明亮、豪华，就坐落在滨海湾。

➡**Parkroyal on Pickering**（www.parkroyalhotels.com）一幢引人注目的建筑，有空中花园和令人惊叹的无边界泳池。

➡**Capella Singapore**（www.capellahotels.com/singapore）位于圣淘沙，有瀑布泳池、葱郁的丛林花园和温馨、时尚的内饰。

➡**Park Regis**（www.parkregissingapore.com）这里有贴心的服务、现代的房间和迷人的泳池，距离牛车水和码头只有一箭之遥。

抵达新加坡

从樟宜机场出发

这个国际**机场**（见110页地图；☎6595 6868；www.changiairport.com；Airport Blvd；📶；Ⓜ Changi Airport）位于新加坡中央商务区东北20公里处，有4个主要的航站楼。

➡**公共汽车** 36路公共汽车从1号、2号和3号航站楼发车，开往乌节路和殖民区（S$1.85，1小时）。公共汽车每隔5~15分钟发一班车，首班车在6:00以后发车，末班车在23:00以前发车。

➡**机场穿梭巴士** 机场穿梭巴士（成人 S$9，儿童S$6）更加快速和便捷，每隔15~30分钟发一班车，24小时运营，乘客可以在任意酒店下车，圣淘沙岛和樟宜村内的地点除外。机场穿梭巴士从1号、2号和3号航站楼发车。可以在到达大厅的地面交通服务台（Ground Transport Desk）咨询。

➡**新加坡地铁** 从5:30至午夜有从机场开往城市的列车；从6:00至午夜有从机场开往城市的公共汽车。地铁和公共汽车的票价都是S$1.85起。

➡**出租车** 乘坐出租车的费用是S$20~40，午夜至次日6:00，费用增加50%，外加机场附加费。

火车

马来西亚公司Keretapi Tanah Melayu Berhad（www.ktmb.com.my）运营从吉隆坡（Kuala Lumpur）开往新山（Johor Bahru）的JB Sentral车站的火车。从这里出发，可以乘坐火车班车穿越海峡，到达新加坡的**Woodlands Train Checkpoint**（11 Woodlands Crossing；🚌170，Causeway Link Express从Queen St车站发车）。班车的车票（S$5）可以在JB Sentral柜台购买。

公共汽车

马来西亚有许多私营公司提供去往多个目的地的舒适长途汽车服务，包括马六甲和吉隆坡，还有泰国的合艾。其中很多线路的终点站都在小阿拉伯附近的**Golden Mile Complex**（☎6291 6945; www.estate.sg/golden-mile-complex; 5001 Beach Rd; 莱肴 S$3.50起; ⏲10:00~22:00，一些餐馆24小时营业; Ⓜ Lavender, Nicoll Hwy），你也可以在www.busonlineticket.com上预订。

➡**Causeway Link**（www.causewaylink.com.my）通勤公交车在马来西亚的新山发车，开往新加坡各地（单程 S$3.30，每隔15~30分钟一班，6:00~23:30），包括Newton Circus、Jurong East Bus Terminal和Kranji MRT车站，班次频繁。

船

从马来西亚和印度尼西亚出发的渡船开往新加坡的各个渡船码头。

樟宜渡船码头（Changi Point Ferry Terminal; ☎6542 7944; 51 Lorong Bekukong; ⏲24小时; Ⓜ Tanah Merah，换乘2路公共汽车）

滨海渡船码头（HarbourFront Cruise & Ferry Terminal; 见164页地图，G5; ☎6513 2200; www.singaporecruise.com; 1 Maritime Sq; Ⓜ HarbourFront）

丹那美拉渡船码头（Tanah Merah Ferry Terminal; ☎6513 2200; www.singaporecruise.com; 50 Tanah Merah Ferry Rd; Ⓜ Tanah Merah，换乘35M路公共汽车）

当地交通

☑ 智能手机App“gothere.sg”将指引你通过不同的公共交通方式从你所在的位置前往你所要到达的目的地，还可以为你粗略计算出租车费用。

新加坡地铁（MRT）

➡新加坡地铁系统是新加坡最便捷、最快速、最舒适的出行方式。该系统的运行时间是5:30至午夜，高峰时段每隔2~3分钟一班，非高峰时段每隔5~7分钟一班。

➡该系统由五种颜色编码的线路组成：南北线（红色）、东北线（紫色）、东西线（绿色）、环线（黄色）和滨海市区线（蓝色）。滨海市区线还有一条延长线，也已通车。

➡单程车票的价格是S$1.40~2.50（外加10分可退押金），不过，如果你经常乘坐地铁，每段路程都要购买和退还车票，就会非常麻烦。使用EZ-link卡更加方便。

公共汽车

➡新加坡广泛的公共汽车服务既干净又高效，班次频繁，可以到达岛上的每个角落。两个主要的运营商是**SBS Transit**（☎1800 287 2727; www.sbstransit.com.sg）和**SMRT**（☎1800 336 8900; www.smrt.com.sg）。两家公司所提供的运行线路非常相似。

➡公共汽车的票价S$1~2.10（使用EZ-link卡更便宜）。当你上车时，将钱投到收款箱里（不找零），或者刷一下你的EZ-link卡或新加坡旅游通行证（Singapore Tourist Pass），并在下车时再刷一次。

➡火车运营商SMRT还提供往返城市和郊区的夜间运营服务，运营时间是周五、周六和公众假期前夜的23:30至次日2:30。票价统一，单程S$4.50。登录网站查询线路详情。

出租车

➡你随时都可以拦下一辆出租车，但在市中心，出租车只能在指定的出租车站停车。

➡在某些时段，想要在城市里找到一辆出租车比你想象中要困难得多，包括高峰时段、晚上或下雨的时候。许多出租车司机是16:00~17:00换班，这就使打车变得非常困难。

➡计价系统很复杂，但值得庆幸的是，出租车根据里程收费，不能讨价还价。起价一般是S$3~3.40，每超过400米，费用增加S$0.22。

➡还有一大堆的附加费需要注意，其中包括午夜至6:00的50%的计程费，周一到周五6:00~9:30和每天18:00至午夜的25%的计程费。周五至周日的17:00至午夜，前往机场还会收取S$5的附加费，其他时间收取S$3。电话预订的附加费是S$2.30~8。

➡用信用卡支付会收取10%的附加费。你也可以使用你的EZ-link交通卡支付。关于票价和附加费的综合列表，请访问www.taxisingapore.com。

Comfort Taxi and CityCab（☎6552 1111）

Premier Taxis（☎6363 6888）

SMRT Taxis（☎6555 8888）

旅游通票

新加坡公共交通有两种通票，可以让你省去很多购票麻烦。

➡可以在新加坡地铁站的顾客服务台购买**EZ-link卡**（www.ezlink.com.sg），价格是S$12（含S$5的不退押金），还可以在7-Eleven便利店购买此卡，价格是S$10（也含S$5的不退押金）。该卡可以在所有的新加坡地铁和公共汽车上使用，还可以在车站售票机上用现金或银行卡充值。

➡**新加坡旅游通票**（Singapore Tourist Pass；www.thesingaporetouristpass.com.sg）的价格是S$10（外加S$10的可退还押金），可以无限量乘坐火车和公共汽车。通票的有效期为1天。

实用信息

签证

中国旅行者去新加坡旅行可申请旅游电子签证，针对中国公民的签证处理为3个工作日（包括本馆指定的单位/旅行社申请日在内），新加坡个人签证可通过新加坡各地区驻华使领馆指定的授权旅行社办理，签证费用统一为300元人民币。签证的签发日期一般是新加坡驻华使领馆指定的单位/旅行社的申请日，签证一旦被签发其有效期将不再变更。若签证已过期，申请者须重新递交申请材料。申请者在领取签证时，应仔细核对签发日期及签证有效期。新加坡移民与关卡局官员在签证持有者入境时决定其停留天数。申请者应留意护照的入境章和批准的停留期限。

申请旅游签证必须提供以下材料：

➡护照：护照原件及护照照片页复印件。护照有效期应在六个月以上（从入境日期开始计算），并至少有一张空白签证页。

➡Form 14A 签证申请表格（原件）：一份用英文填写完整，并有申请者亲笔签名的申请表格。

➡彩色照片：两张（一张贴在表格上，另一张供扫描用）。照片应为两寸彩色白底的三个月内的近照，且应为正面免冠（如按特殊宗教或风俗要求戴帽或配饰，帽子或配饰不得掩盖申请者面部特征）。

➡中国身份证：原件及复印件。

➡在职证明：申请人若为在职员工，必须提供一份就职公司出具的在职证明信原件。证明信中需注明公司同意休假，并详细注明申请者在该公司任职时间、职务及工资。在职证明信必须列有公司及有关联系人的地址、电话和传真号码。信函必须加盖公章。

➡申请人若无工作，则必须提供证明其个人经济状况的文件，如银行存款证明（原件及复印件）。银行存款证明的金额没有具体要求，但银行签发日期必须是签证申请递交日期的1个月内。此证明应能够如实地反映您的经济能力。

➡户口簿：申请者户口簿（全本，每页的原件及复印件）。如为集体户口，可提供原件及复印件或在公安机关办理户籍证明。

签证延期可以在**移民与关卡局**(Immigration & Checkpoints Authority; ☎6391 6100; www.ica.gov.sg; Level 4, ICA Bldg, 10 Kallang Rd; ⏲周一至周五 8:00~16:30，周六 8:00~12:30; Ⓜ Lavender)申请。

现金

自动柜员机

➡自动柜员机在新加坡随处可见，包括购物商场和地铁站。新加坡境内几乎所有的自动柜员机都可以使用银联卡取现，且大部分都有中文界面。

信用卡

➡除了当地小贩中心和食阁，各营业场所广泛接受信用卡，包括万事达卡（MasterCard）、维萨卡（Visa）及银联卡（UnionPay）。注意：小商店可能会征收额外2%~3%的信用卡服务费。

➡银联卡在新加坡的接受度较高，樟宜机场、主要免税店、购物中心、品牌专卖店及部分有银联标识的餐厅、酒店均可使用银联卡。

电子支付

➡目前支付宝和微信均已引入新加坡，樟宜机场可使用微信支付，在新加坡的大型购物中心和牛车水一带商家，以及乘坐出租车，均可使用支付宝支付。移动支付的范围还在进一步扩大。

海关

➡除非纳税，否则禁止把烟草带到新加坡境内。如果没有申报和缴税，将被处以巨额罚款。

➡葡萄酒、啤酒和烈性酒，每种可以免费携带1升。或者可以免费携带2升葡萄酒和1升啤酒；或2升啤酒和1升葡萄酒。在离开新加坡48小时后，你可以从除了马来西亚以外的任何地方入境。

➡携带口香糖、鞭炮、淫秽或扰乱治安的材料、枪支形状的打火机、濒危物种或它们的副产品、盗版唱片或出版物都是违法的。

电源

➡电源插头是三孔、方针式插头。电流为230V和50Hz。

230V/50Hz

旅游信息

➡在出发之前，**新加坡旅游局**（Singapore Tourism Board; www.yoursingapore.com）的网站是确认信息的很好资源。

➡在新加坡，**Singapore Visitors Centre @ Orchard**（见70页地图；1800 736 2000; www.yoursingapore.com; 216 Orchard Rd; 9:30~22:30; ; M Somerset）的主要分支机构有许多知识丰富的员工，他们可以帮你安排团队游、购买机票和预订酒店。这里有免费的无线网络，出售设计精美的纪念品，楼上的画廊通常还有免费的展览。在**牛车水**（Chinatown; 见90页地图; 2 Banda St; 周一至周五 9:00~21:00，周六和周日 至22:00; ; M Chinatown）还有一个大型的分支机构，在乌节路的**ION Orchard Mall**（1800 736 2000; www.yoursingapore.com; Level 1 Concierge, ION Orchard, 2 Orchard Turn; 10:00~22:00; ; M Orchard）还有一家小机构。

营业时间

不同行业的营业时间可能有所不同。一般的营业时间如下：

银行 周一至周五9:30~16:30；一些分行的营业时间是10:00~18:00或更晚。周六9:30至正午或更晚。

餐馆 正午至14:00和18:00~22:00。休闲餐厅和美食广场全天营业。

商店 10:00~18:00；一些11:00开始营业。较大的商店和百货商店通常在21:30或22:00关门。

折扣

➡如果你乘坐的是新加坡航空公司（Singapore Airlines）或胜安航空公司（Silk Air）的航班，在商店、餐馆和景点出示登机牌即可获得折扣。详细信息请参见www.singaporeair.com/boardingpass。

节假日

➡**元旦** 1月1日

➡**中国新年** 1月/2月里的3天

➡**耶稣受难日**（Good Friday）4月

➡**劳动节** 5月1日

➡**卫塞节**（Vesak Day）6月

➡**开斋节**（Hari Raya Puasa）7月

➡**国庆节** 8月9日

➡**哈芝节**（Hari Raya Haji）9月

➡**万灯节**（Deepavali）11月

➡**圣诞节** 12月25日

电话

➡新加坡的国家代码是65。

➡新加坡没有区号；电话号码是8位数字，除非你拨打免费电话（1800）。

➡你可以通过公共电话亭拨打本地和国际电话。大多数电话亭都要使用电话卡。

➡新加坡还有信用卡电话，可以把卡放入卡槽，使用该功能。

➡你可以从邮局、便利店和当地的电信商店购买当地的SIM卡，价格约S$18（含电话费）。根据法律，你必须出示护照才能买到。当地运营商包括**M1**（https://www.m1.com.sg）、**SingTel**（http://info.singtel.com）和**StarHub**（www.starhub.com）。这些运营商还提供4G上网卡。

紧急情况

➡**救护车和火警** ☎995

➡**警察** ☎999

残障旅行者

➡大规模的政府运动着手在岛上各地逐步安装坡道、电梯及其他设施。城市里的人行道几近完美，地铁站都有升降电梯，有些公共汽车和出租车还配备了适用于轮椅的设备。

➡**新加坡残疾人协会**（Disabled People's Association Singapore; www.dpa.org.sg）提供关于新加坡无障碍设施的信息。

语言

新加坡的官方语言是马来语、普通话、泰米尔语和英语。马来语是马来西亚的国语，新加坡曾是马来西亚的一部分，马来语就是从那时继承下来的，但它的使用主要局限于马来社区。

长期以来，政府一直致力于推广普通话。普通话是一种标准化的中文，其推广在新加坡获得了很大成功。现在，越来越多的新加坡人都可以使用汉语在家里交流。

泰米尔语是新加坡主要的印度语言；其他的语言包括马拉雅拉姆语和印地语。如果你阅读了本章的发音指南，就会发现泰米尔短语很容易理解。重读音节使用斜体表示。

英语的使用非常广泛，自1987年以来，它一直是学校的第一官方教学语言。在新加坡，只要会说英语就没有问题。

如果想用一本短语手册来使你的旅行更加顺利的话，请访问**lonelyplanet.com**。

马来语

你好。	Helo.
再见（离开/停留时）	Selamat tinggal./ Selamat jalan.
你好吗？	Apa khabar?
很好，谢谢。	Khabar baik.
请（询问/提供帮助时）	Tolong./ Silakan.
谢谢你。	Terima kasih.
打扰一下。	Maaf.
对不起。	Minta maaf.
是。/不是。	Ya./Tidak.
你叫什么名字？	Siapa nama kamu?
我的名字叫……	Nama saya ...
你会说英文吗？	Bolehkah anda berbicara Bahasa Inggeris?
我不明白。	Saya tidak faham.
多少钱？	Berapa harganya?
能不能给我看一下菜单？	Minta senarai makanan?
请给我账单。	Tolong bawa bil.
厕所在哪儿？	Tandas di mana?
救命！	Tolong!

泰米尔语

你好。	
வணக்கம்.	va·*nak*·kam
再见。	
போய வருகிறேன்.	*po*·i va·*ru*·ki·reyn
你好吗？	
நிங்கள்	*neeng*·kal
நலமா?	na·*la*·maa
很好，谢谢，你呢？	
நலம்இ நன்றி. நீங்கள்?	na·*lam* *nan*·dri *neeng*·kal
请。	
தயவு செய்து.	ta·ya·*vu* chey·*tu*
谢谢你。	
நன்றி.	*nan*·dri
打扰了。	
தயவு செய்து.	ta·ya·*vu* sei·*du*

对不起。

மன்னிக்கவும. | *man*·nik·ka·vum

是。/不是。

ஆமாம்∴இல்லை. | *aa*·maam/*il*·lai

你叫什么名字?

உங்கள் பெயர் என்ன? | *ung*·kal pe·*yar* *en*·na

我的名字叫……

என் பெயர் ... | en pe·*yar* ...

你会说英文吗?

நீங்கள் | *neeng*·kal

ஆங்கிலம் | *aang*·ki·lam

பேசுவீர்களா? | *pey*·chu·*veer*·ka·la

我不明白。

எனக்கு விளங்கவில்லை. | e·*nak*·ku vi·*lang*·ka·vil·*lai*

多少钱?

இது என்ன விலை? | i·*tu* *en*·na vi·*lai*

请给我账单/菜单。

எனக்கு தயவு செய்து விலைச்சீட்டு∴ உணவுப்பட்டியல் கொடுங்கள். | e·*nak*·ku ta·ya·*vu* chey·*tu* vi·*laich*·cheet·tu/ u·na·*vup*·pat·ti·yal ko·*tung*·kal

厕所在哪儿?

கழிவறைகள் எங்கே? | ka·*zi*·va·rai·kal *eng*·key

救命!

உதவ! | u·ta·*vi*

幕后

说出你的想法

我们很重视旅行者的反馈——你的评价将鼓励我们前行，把书做得更好。我们同样热爱旅行的团队会认真阅读你的来信，无论表扬还是批评都非常欢迎。虽然很难一一回复，但我们保证将你的反馈信息及时交到相关作者手中，使下一版更完美。我们也会在下一版特别鸣谢来信读者。

请把你的想法发送到**china@lonelyplanet.com.au**，谢谢！

请注意：我们可能会将你的意见编辑、复制并整合到Lonely Planet的系列产品中，例如旅行指南、网站和数字产品。如果不希望书中出现自己的意见或不希望提及你的名字，请提前告知。

请访问lonelyplanet.com/privacy了解我们的隐私政策。

声明

封面图片：滨海湾花园，Maurizio Relline/4Corners©。

本书部分地图由中国地图出版社提供，其他为原书地图，审图号GS（2018）3914号。

关于本书

这是Lonely Planet *Pocket Singapore*的第5版，本书的作者为里亚·德荣、克里斯蒂安·贝内托。

本书为中文第一版，由以下人员制作完成：

项目负责 关媛媛

项目执行 丁立松

翻译统筹 肖斌斌

翻　　译 李高飞

内容策划 寇杰（本土化）李小可

视觉设计 李小棠　庹桢珍

协调调度 丁立松　沈竹颖

责任编辑 喻　乐

地图编辑 马　珊

制　　图 田　越

流　　程 孙经纬

终　　审 杨　帆

排　　版 北京梧桐影电脑科技有限公司

感谢朱琳、罗霄山、武媛媛、王逸帆为本书提供的帮助。

索 引

可参考如下子索引:
就餐 见190页
饮品 见191页
娱乐 见192页
购物 见192页

景点页码 000
地图页码 000

就餐

景点页码 000
地图页码 **000**

娱乐

购物

A

B

C

E

F

G

H

I

K

L

M

N

O

P

R

S

T

景点页码 000
地图页码 **000**

我们的故事

一辆破旧的老汽车，一点点钱，一份冒险的感觉——1972年，当托尼（Tony Wheeler）和莫琳（Maureen Wheeler）夫妇踏上那趟决定他们人生的旅程时，这就是全部的行头。他们穿越欧亚大陆，历时数月到达澳大利亚。旅途结束时，风尘仆仆的两人灵机一闪，在厨房的餐桌上制作完成了他们的第一本旅行指南——《便宜走亚洲》（*Across Asia on the Cheap*）。仅仅一周时间，销量就达到了1500本。Lonely Planet从此诞生。

现在，Lonely Planet在都柏林、富兰克林、伦敦、墨尔本、奥克兰、北京和德里都设有公司，有超过600名员工及作者。在中国，Lonely Planet被称为"孤独星球"。我们恪守托尼的信条："一本好的旅行指南应该做好三件事：有用、有意义和有趣。"

我们的作者

里亚·德荣（Ria de Jong）

作者 里亚在亚洲生活，她出生于斯里兰卡，父母分别来自荷兰和澳大利亚。她对这片反差强烈、喧嚣忙碌的土地充满热爱。在澳大利亚的汤斯维尔长大以后，里亚迁居悉尼，成为一名专栏作家。她之后又在菲律宾工作了5年。2015年，里亚和她的丈夫及两个孩子搬到了新加坡，从此，她开始探索这个城市之国。这是里亚第二次为Lonely Planet的《新加坡》指南进行更新写作。你可以在Twitter上关注@ria_in_transit。

克里斯蒂安·贝内托（Cristian Bonetto）

统筹作者 克里斯蒂安已经编写过30多本孤独星球指南，包括《纽约》《意大利》《威尼斯》《瑞典》和《新加坡》等。他关于旅行、食物、文化和设计的文章曾出现在世界各地的众多出版物上，包括英国的《每日电讯报》（*Telegraph*）和意大利的*Corriere del Mezzogiorno*。当他不旅行的时候，他会在自己钟爱的家乡墨尔本担任剧作家和电视编剧。你可以在Twitter上关注@cristianbonetto。

新加坡

中文第一版

书名原文：*Pocket Singapore*（5th edition，Jun 2017）

本中文版由中国地图出版社出版

图书在版编目（CIP）数据

新加坡 / 澳大利亚 Lonely Planet 公司编；李高飞译 . -- 北京：中国地图出版社，2018.7（2020.4 重印）
（口袋指南）
书名原文：Pocket Singapore
ISBN 978-7-5204-0696-3

Ⅰ．①新… Ⅱ．①澳… ②李… Ⅲ．①旅游指南－新加坡 Ⅳ．① K933.99

中国版本图书馆 CIP 数据核字 (2018) 第 169949 号

出版发行	中国地图出版社
社　　址	北京市白纸坊西街 3 号
邮政编码	100054
网　　址	www.sinomaps.com
印　　刷	北京华联印刷有限公司
经　　销	新华书店
成品规格	106mm×153mm
印　　张	6.75
字　　数	235 千字
版　　次	2018 年 7 月第 1 版
印　　次	2020 年 4 月北京第 2 次印刷
定　　价	56.00 元
书　　号	ISBN 978-7-5204-0696-3
审 图 号	GS（2018）3914 号
图　　字	01-2018-1635

如有印装质量问题，请与我社发行部（010-83543956）联系